Vertrauen

Niklas Luhmann

Vertrauen

Ein Mechanismus der Reduktion sozialer Komplexität

2. erweiterte Auflage

Ferdinand Enke Verlag Stuttgart 1973

Dieses Buch trägt – mit Einverständnis des Georg Thieme Verlages, Stuttgart – die Kennzeichnung

flexibles Taschenbuch

Prof. Dr. *Niklas Luhmann*
Fakultät für Soziologie der Universität Bielefeld

Die Original-Ausgabe erschien 1968
als Nr. 28 der „Soziologischen Gegenwartsfragen"

Satz und Umbruch: A. Oelschlägersche Buchdruckerei GmbH, Calw
Druck: Druckhaus Dörr KG., Ludwigsburg

ISBN 3 432 01767 7

Vorwort

Ob man der Soziologie raten sollte, Worte des täglichen Sprachgebrauchs und Begriffe der traditionellen ethischen Vorstellungswelt zu verwenden, ist ernsthafter Überlegung wert. Bei einer solchen Umrüstung moralischer in soziologische Begriffe scheinen zunächst Vorteile und Nachteile sich die Waage zu halten; sie lassen sich aber weitgehend trennen. Bleibt man auf der Ebene der kritischen Zersetzung und überraschender Verfremdung, der Ideologieentlarvung durch kausale Erklärung oder des Nachweises heimlicher Nebenzwecke stehen, überwiegen die Nachteile. Die Identität des benutzten Wortes wird dann zur Diskreditierung seines hergebrachten Bedeutungshorizontes mißbraucht. Das ist in der geistigen Situation der Gegenwart ein leichtes Geschäft — und vielleicht zu leicht, als daß die Soziologie daran lernen und an dieser Aufgabe eine eigene Theorie heranbilden könnte. Gelänge es ihr dagegen, diese Ebene zu verlassen und ihre geistige Position positiv, das heißt durch eine eigene Theorie, zu festigen, von der aus sie dann ein Gespräch mit dem Alltagsverständnis der sozialen Welt und dessen Ausformung durch die Ethik zu führen vermöchte, könnte es sein, daß die Vorteile eines gewissen gemeinsamen Vokabulars die Nachteile überbieten. Die folgenden Überlegungen zum Begriff des Vertrauens möchten in diesem Sinne zur soziologischen Theoriebildung beitragen.

Das Manuskript habe ich an der Sozialforschungsstelle der Universität Münster in Dortmund ausarbeiten können. Das hat mir mit besonderer Schärfe vor Augen geführt, wie weit das, was heute über Vertrauen gesagt werden kann, von methodisch gesicherter Verifikation noch entfernt ist. Eingehende Diskussionen mit den Herren Dr. H.-J. Knebel und Dr. F. X. Kaufmann haben mir viele Anregungen gegeben und mich in der Auffassung bestärkt, daß diese Kluft zwischen Theorie und Empirie unvermeidlich, aber nicht unüberbrückbar bleiben wird.

Dortmund, im Winter 1967/68 Niklas Luhmann

Inhalt

1. Das Bezugsproblem: Soziale Komplexität

Vertrauen im weitesten Sinne eines Zutrauens zu eigenen Erwartungen ist ein elementarer Tatbestand des sozialen Lebens. Der Mensch hat zwar in vielen Situationen die Wahl, ob er in bestimmten Hinsichten Vertrauen schenken will oder nicht. Ohne jegliches Vertrauen aber könnte er morgens sein Bett nicht verlassen. Unbestimmte Angst, lähmendes Entsetzen befielen ihn. Nicht einmal ein bestimmtes Mißtrauen könnte er formulieren und zur Grundlage defensiver Vorkehrungen machen; denn das würde voraussetzen, daß er in anderen Hinsichten vertraut. Alles wäre möglich. Solch eine unvermittelte Konfrontierung mit der äußersten Komplexität der Welt hält kein Mensch aus.

Diesen Ausgangspunkt kann man als unbezweifelbares Faktum als „Natur" der Welt bzw. des Menschen feststellen und würde damit etwas Wahres aussagen[1]. Alltäglich vertraut man in dieser Selbstverständlichkeit. Zutrauen in jenem fundierenden Sinne ist für das tägliche Leben Komponente seines Horizontes, Wesensmerkmal der Welt, aber nicht intendiertes (und damit variierbares) Erlebnisthema.

Man kann die Notwendigkeit des Vertrauens auch als wahren und gewissen Grund für die Herleitung von Regeln richtigen Verhaltens ansehen. Sind Chaos und lähmende Angst die einzige Alternative zum Vertrauen, so läßt sich daraus folgern, der Mensch solle, seinem Wesen entsprechend, Vertrauen schenken, wenn auch nicht blindlings und nicht in jeder Hinsicht[2]. Man gelangt auf diese Weise zu ethischen oder naturrechtlichen Maximen — zu Prinzipien mit eingebauter Zulassung des Gegenteils, deren Brauchbarkeit so umstritten ist.

Eine dritte Möglichkeit ist, die Angst einer Existenz ohne Vertrauen gleichsam spielerisch zu durchdenken und dichterisch auszumalen. Man kann auf diese Weise die Alltagswelt transzendieren und sich von ihrer Auslegung durch die philosophische Tradition distanzieren. Der Blick auf jene Grenzsituation hat Psychologen und Ärzte[3], ja sogar bedeutende Denker der Gegenwart fasziniert. In

---

[1] Er findet sich denn auch durchweg in dem leider spärlichen Schrifttum, das sich thematisch mit Vertrauen befaßt. Siehe z. B. *E. Diesel* 1947, S. 21 ff.

[2] Siehe z. B. *N. Hartmann* 1962, S. 468 ff.; *B. Bauch* 1938, S. 67—74; *F. Darmstaedter* 1948, Sp. 430—436 (433); *H. Eichler* 1950, S. 111 ff.; *G. Stratenwerth* 1958, S. 78 ff. Wie gerade die zuletzt genannte Erörterung lehrt, ist eine solche Ja/Aber-Argumentation nur sinnvoll, wenn eine geltende Wertordnung vorausgesetzt werden kann, die angibt, wo das Ja ins Aber umschlägt.

[3] Siehe z. B. *A. Nitschke* 1952, S. 175—180.

der Tat läßt sich aus schwindelerregenden Vorstellungen eine Art instruktiver Genuß ziehen. Doch bleibt die Instruktion durch den Schwindel getrübt.

Die funktionale Forschung in Psychologie und Sozialwissenschaften findet sich in mancher Hinsicht in der Nähe solcher existenzphilosophischen Bemühungen — vor allem durch ihre Ablehnung des Substanzprinzips. Deshalb muß sie um so größere Sorgfalt darauf verwenden, sich von ihnen abzusetzen[4]. Ihren eigenen Charakter gewinnen funktionale Analysen durch die Art ihrer Forschungsperspektive und deren Denkvoraussetzungen. Diese Eigenart ist umstritten[5] und muß daher in ihren Grundzügen aufgewiesen werden[6], bevor wir nach der Funktion des Vertrauens fragen können.

Funktionale Analysen knüpfen nicht an sichere Gründe, bewährtes Wissen, vorliegende Gegebenheiten an, um daraus sekundäres Wissen zu gewinnen, sondern sie beziehen sich letztlich auf Probleme und suchen Lösungen für diese Probleme zu ermitteln. Sie gehen also weder deduktiv noch induktiv vor, sondern heuristisch in einem ganz speziellen Sinne. Als Hebel der Problematisierung dient ihnen die Frage nach der Erhaltung des Bestandes von Handlungssystemen — man könnte auch abstrakter formulieren: die Frage nach der Identität in der wirklichen Welt. Bestand ebenso wie Identität werden dabei nicht mehr als Wesenskern oder als Invarianz begriffen, sondern als Beziehung zwischen variablen Größen, zwischen System und Umwelt. Sowohl Probleme als auch Problemlösungen erhalten in dieser Forschungsperspektive ihren besonderen Sinn nicht durch einen vorausgesetzten invarianten Wesenskern, sondern durch ihre besondere Stellung in einem Gefüge anderer Möglichkeiten; ihr „Wesen" definiert sich durch die Bedingungen ihrer Ersetzbarkeit. Das Forschungsschema der funktionalen Analyse ist daher, von der Methode her gesehen, für alle Möglichkeiten offen. Ihr Potential für Komplexität scheint unbegrenzt zu sein, und manche Einzelzüge deuten darauf hin, daß in

---

[4] Eine erste aber unzureichende Orientierung könnte *Marcels* Dichotomie von probléme und mystére bieten. Siehe besonders *G. Marcel* 1935, S. 162 ff. Sie wird jedoch dadurch, daß sie den Problembegriff auf Probleme des Herstellens und Habens festlegt, weder den Möglichkeiten einer transzendentalen Phänomenologie noch den Möglichkeiten funktionaler Analyse gerecht. „Herstellen" und „Haben" dienen hier im Grunde als Chiffren für eine sehr viel abstraktere fundamentale Beziehung des Ich zur Welt: für ein Verhältnis unabhängiger Variabilität bzw. relativer Invarianz.

[5] Siehe z. B. den Versuch einer Einschmelzung der funktionalen in die kausale Analyse bei *K. Davis* 1959, S. 757—772, der verbreiteten Überzeugungen Ausdruck gibt.

[6] Eingehender dazu: *N. Luhmann* 1971, S. 9 ff., 31 ff.

dieser Erweiterung der Kapazität für Komplexität gegenüber dem alltäglichen und dem traditionellen Weltverständnis der zusammenhaltende Grundgedanke aller Aspekte der funktionalen Methode zu finden ist[7].

Komplexität ist aber nicht nur das heimliche Motiv, die verbindende Aspiration hinter allen Orientierungsbegriffen der Methode, sie ist zugleich das letzterreichbare sachliche Bezugsproblem der funktionalen Forschung. Denn die Welt als Ganzes, der Universalhorizont allen menschlichen Erlebens[8], ist nur unter dem Gesichtspunkt ihrer äußersten Komplexität ein mögliches Problem. Sie ist kein System, weil sie keine Grenzen hat. Sie ist ohne Umwelt, daher nicht bedrohbar. Selbst radikale Umwandlungen ihrer Energieform sind nur als Geschehen in der Welt vorstellbar. Einzig in ihrer Relation zum Identischen-in-der-Welt gibt die Welt als solche ein Problem auf, und zwar durch ihre raum-zeitlich sich entfaltende Komplexität, durch die unübersehbare Fülle ihrer Wirklichkeiten und ihrer Möglichkeiten, die eine sichere Einstellung des einzelnen auf die Welt ausschließt. Unfaßbare Komplexität ist die Innenansicht der Welt, der Problemaspekt, den sie Systemen darbietet, die sich in der Welt erhalten wollen.

Ein zweiter Vorzug des Bezugsproblems der Komplexität ist, daß es dank seiner Abstraktheit und Welthaftigkeit den Unterschied von psychischen Systemen und sozialen Systemen übergreift und damit auch den Unterschied psychologischer und soziologischer Theorien. Wir wissen aus Lebenserfahrung ebenso wie durch wis-

---

[7] Als solche Einzelzüge wären zu nennen: (1) daß alle funktionalen Aussagen nur relativ auf bestimmte Handlungssysteme gelten und daß es Systeme in extrem hoher Zahl gibt; (2) daß eine Handlung mehreren Systemen zugerechnet werden kann, Systeme also komplex ineinandergeschachtelt werden können; (3) daß die funktionale Systemanalyse nicht nur manifeste Funktionen (bewußte Handlungszwecke), sondern besonders nachdrücklich auch latente Funktionen zu erschließen sucht; (4) daß sie nicht nur funktionale, sondern auch dysfunktionale Folgen des Handelns berücksichtigt und als Folgeprobleme zum Ausgangspunkt weiterer Analysen macht; (5) daß sie eine vergleichende Methode ist, welche die Vorbedingung eines Vergleichs im täglichen Leben, vorausliegende Ähnlichkeiten, abwirft und Erkenntnis gerade darin sucht, möglichst heterogene Dinge unter dem Gesichtspunkt spezifischer Leistungen als funktional äquivalent zu erweisen, indem sie das Gleichheitsurteil aus dem Objekt in die Funktion verlegt. All dies zusammengenommen zeigt, daß es der funktionalen Methode im Prinzip darum geht, die Blickbegrenzungen der Handlungsperspektive aufzuheben und durch transintentionale Forschung mehr Komplexität zu erfassen.

[8] Zu diesem phänomenologischen Weltbegriff vgl. namentlich *E. Husserl* 1948, S. 23 ff.; ders. 1954, S. 105 ff. und dazu *L. Landgrebe* 1940. Dt. Übers. in ders. 1963; *G. Brand* 1955, S. 13 ff.; *E. Fink* 1958; *J. Bednarski* 1957, S. 419 ff.; *H. Hohl* 1962

senschaftliche Forschung, daß die Bereitschaft, Vertrauen zu erweisen, abhängt von psychischen Systemstrukturen, zum Beispiel von solchen, die mit der F-Skala gemessen werden[9]. Ebenso sicher ist, daß eine psychologische Erklärung allein nicht ausreicht. Denn Vertrauen wird, psychologisch gesehen, aus völlig verschiedenen Gründen erwiesen bzw. verweigert[10]; und Vertrauen ist in jedem Falle eine soziale Beziehung, die eigenen Gesetzlichkeiten unterliegt. Vertrauen bildet sich in einem Interaktionsfeld, das sowohl durch psychische als auch durch soziale Systembildungen beeinflußt wird und keiner von ihnen exklusiv zugeordnet werden kann. Deshalb müssen wir in eine allgemeinere Theoriesprache ausweichen, die die Begriffe System, Umwelt, Funktion und Komplexität so abstrakt verwendet, daß sie sowohl psychologisch als auch soziologisch interpretierbar sind. Einen ähnlichen Ausweg sucht *Talcott Parsons*, wenn auch in Richtung auf eine andersartige, stärker strukturell orientierte Theorie eines allgemeinen „Handlungssystems“[11].

Der Begriff Komplexität muß deshalb sehr abstrakt definiert werden. Das kann geschehen im Hinblick auf eine Differenz von System und Umwelt schlechthin und im Hinblick auf das Aktualisierungspotential von Systemen. Er bezeichnet die Zahl der Möglichkeiten, die durch Systembildung ermöglicht werden[12]. Er impliziert, daß Bedingungen (und somit Grenzen) der Möglichkeit angebbar sind, daß also Welt konstituiert ist, und zugleich, daß die

---

[9] Siehe *M. Deutsch* 1960 b. Zu den Unsicherheiten und den methodischen Schwierigkeiten, die in dieser Forschung schon bei sehr problemnah und fast tautologisch gewählten Persönlichkeitsvariablen auftreten, vgl. insb. *Wrightsman* 1966.

[10] “A trusting choice may be based upon ‘despair’, ‘conformity’, ‘impulsivity’, ‘innocence’, ‘virtue’, ‘faith’, ‘masochism’, or confidence“, so deutet *M. Deutsch* 1962, S. 303, mit fachlich allerdings nicht sehr verfeinerten Begriffen diese Vielfalt an. Allerdings ist gerade die Sozialpsychologie, die das soziale Feld immer wieder auf individualpsychologische Variablen zu reduzieren versucht (siehe auch *M. Deutsch* 1962, S. 306 ff.), nicht in der Lage, diesem Tatbestand ausreichend Rechnung zu tragen. Erst eine Theorie sozialer Systeme öffnet den Blick dafür, daß sehr unterschiedliche psychische Systeme in sozialen Systemen funktional äquivalent operieren können, so daß soziale Systeme sich von Prozessen psychischer Individualisierung in gewissem Umfange unabhängig machen können.

[11] Siehe als neueste Darstellung und als Auseinandersetzung mit dem individualpsychologischen Reduktionismus der Sozialpsychologie *T. Parsons* 1970.

[12] Der Begriff der Komplexität läßt sich mithin dem Materiebegriff der alteuropäischen Philosophie vergleichen. Aber „Materie“ war auf „Form“ hin konzipiert, während der Begriff der Komplexität reduzierende selektive Systeme voraussetzt.

Welt mehr Möglichkeiten zuläßt, als Wirklichkeit werden können, und in diesem Sinne „offen" strukturiert ist. Unter einem Gesichtswinkel läßt sich diese Beziehung von Welt und System als Überforderung sehen und als Bestandsgefährdung problematisieren. Das ist die Betrachtungsweise der funktionalistischen Systemtheorie. In entgegengesetzter Perspektive erscheint dasselbe Verhältnis als Aufbau einer „höheren" Ordnung von geringerer Komplexität durch Systembildung in der Welt und läßt sich als Selektionsleistung problematisieren. Das ist die Betrachtungsweise der kybernetischen Systemtheorie.

Für jede Art realer Systeme in der Welt, und seien es physische oder biologische Einheiten, Steine, Pflanzen oder Tiere, ist die Welt übermäßig komplex: Sie enthält mehr Möglichkeiten als die, auf die das System sich erhaltend reagieren kann. Ein System stellt sich auf eine selektiv konstituierte „Umwelt" ein und zerbricht an etwaigen Diskrepanzen zwischen Umwelt und Welt. Dem Menschen allein wird jedoch die Komplexität der Welt selbst und damit auch die Selektivität seiner Umwelt bewußt und dadurch Bezugsproblem seiner Selbsterhaltung. Er kann Welt, kann bloße Möglichkeiten, kann sein Nichtwissen thematisch erfassen und sich selbst erkennen als jemanden, der entscheiden muß. Beides, Weltentwurf und eigene Identität, wird ihm zum Bestandteil seiner eigenen Systemstruktur und zur Verhaltensgrundlage dadurch, daß er andere Menschen erlebt, die jeweils aktuell erleben, was für ihn nur Möglichkeit ist, ihm also Welt vermitteln, und die zugleich ihn als Objekt identifizieren, so daß er ihre Sichtweite übernehmen und sich selbst identifizieren kann.

Dies Offenhalten der Welt und die Identifikation von Sinn und Selbstsein in der Welt sind also nur möglich mit Hilfe einer ganz neuartigen Dimension der Komplexität: der erlebten (wahrgenommenen) und verstandenen subjektiven Ichhaftigkeit des anderen Menschen. Der andere Mensch hat originären Zugang zur Welt, könnte alles anders erleben als ich und kann mich daher radikal verunsichern. Über die Fülle sachlich verschiedenartiger Gegenstände und über die Potenzierung dieser Vielfalt durch ihren zeitlichen Wechsel hinaus wird die Komplexität der Welt durch die Sozialdimension, die den anderen Menschen nicht nur als Ding, sondern als anderes Ich ins Bewußtsein bringt, nochmals erweitert. Deshalb werden zugleich mit dieser zusätzlichen Komplizierung neuartige Mechanismen der Reduktion von Komplexität erforderlich — allen voran natürlich die Sprache und das reflexible Selbstbewußtsein als Mechanismen der Generalisierung und der Selektivität.

Eine überzeugende philosophische Erfassung dieses Tatbestandes des alter ego innerhalb der immer schon intersubjektiv konstituierten (und anders nicht vorstellbaren) Welt ist bisher nicht gelungen — auch im Rahmen der sich sehr grundsätzlich darum bemühenden transzendentalen Phänomenologie *Husserls* nicht[13]. Die positiven Wissenschaften gehen auf verschiedene Art und Weise von der prinzipiellen Unberechenbarkeit anderer Menschen aus (sofern sie sie nicht einfach ignorieren) und sehen darin ein Problem, das die Funktionen bestimmter Ordnungsleistungen erklärt. Der Versuch von *Thomas Hobbes*, die Notwendigkeit absoluter politischer Herrschaft zu begründen, hat hierin seine Wurzel, wenngleich er dem Komplexitätsproblem als Sicherheitsproblem eine zu enge Fassung gibt und deshalb absolute Herrschaft als Lösung ohne Alternativen zu Gesicht bekommt. Die von *Husserl* konzipierte, von *Alfred Schütz* ausgearbeitete Theorie der intersubjektiv übereinstimmenden Typisierung der Erlebnismöglichkeiten hat diesen Hintergrund einer unberechenbaren Komplexität, die in der Gegenwärtigkeit eines alter ego in der Welt an sich angelegt ist und auf gemeinsame Typen reduziert werden muß. *Parsons'* Theorie des sozialen Systems baut ebenfalls auf jenem Grundgedanken auf, und zwar in Form der These von der zweiseitigen Offenheit, der „double contingency", aller Interaktionen, die eine Normbildung notwendig macht, soll die Komplementarität der Rollenerwartungen sichergestellt werden[14]. Die neuere wirtschaftswissenschaftliche Organisationstheorie sucht ihn zu berücksichtigen und geht damit über die utilitaristischen Bemühungen um eine Kombi-

---

[13] Vgl. besonders: *E. Husserl* 1952, S. 190 ff.; ders. 1954, S. 185 ff., 415 ff. und passim. Bezeichnend für die Grenze des *Husserlschen* Denkens ist, daß er einen Vorrang der Ich-Subjektivität im Sinne des transzendentalen Subjektivismus behauptet und erst auf diesem Boden die Konstituierung des Mitmenschen, der intersubjektiven Erlebensgemeinschaft und der Welt als ihres Horizontes zu begreifen sucht. Dieser Ausgangspunkt ist für das Denken in der Welt aber nur durch methodischbewußte Abstraktionen erreichbar, die *Husserl* Reduktionen nennt. Insofern verstrickt *Husserl* sich in dasselbe Dilemma wie ein absolut gesetzter Funktionalismus, künstlich isolierte Perspektiven als Grund behaupten zu müssen. — Alle dadurch stimulierten Versuche, sich diesem Dilemma zu entziehen, führen aus ihm heraus und wieder in die schon konstituierte Welt zurück und verfehlen schon damit den Rang des *Husserlschen* Problems. Siehe insb. *A. Schütz* 1932, insb. S. 186 ff., und eine Reihe späterer Aufsätze, zusammengestellt in: *A. Schutz,* 3 Bde. 1962—1966; ferner als Kritik der Versuche *Husserls: A. Schütz* 1957. Vgl. außerdem: *J.-P. Sartre* 1950, S. 273 ff. *M. Merleau-Ponty* 1945, S. 398 ff.; *W. E. Hocking* 1953/54, S. 451 ff.; *L. Landgrebe* 1963, S. 89 ff.; *M. Theunissen* 1965.

[14] Siehe als eine besonders klare Formulierung: *T. Parsons, E. A. Shils* 1951, S. 16; ferner *T. Parsons* 1951, S. 10 ff., und dazu *A. W. Gouldner* 1959, sowie ders. 1960.

nation rein individueller Nutzenfunktionen hinaus[15]. All diese Gedanken können wir in eine einzige Formel zusammenpressen: Auf der Grundlage sozial erweiterter Komplexität kann und muß der Mensch wirksamere Formen der Reduktion von Komplexität entwickeln.

Das ist nicht so zu verstehen, als ob historisch erst das eine und dann das andere aufgetreten wäre, als ob das eine Ursache oder Motiv des anderen sei[16]. Kausal gesehen ist nur beides zusammen möglich, sich wechselseitig bedingend und bewirkend. Die funktionale Zerlegung dieses einheitlichen Geschehens in einen Problemaspekt (Erweiterung der Komplexität) und einen Lösungsaspekt (Reduktion der Komplexität) dient lediglich als Schema des Vergleichs mehrerer Lösungsmöglichkeiten. Letztlich gehören Erweiterung und Reduktion zusammen als komplementäre Aspekte der Struktur des menschlichen Verhaltens zur Welt. Man kann, mit einer leichten Umstellung der Begriffe, auch sagen, daß die Sozialdimension des menschlichen Erlebens mit ihren beiden Aspekten zusätzlicher Komplexität und neuer Möglichkeiten der Absorption von Komplexität das Komplexitätspotential und damit die Welt des Menschen erweitert. Durch die Existenz eines alter ego wird die Umwelt des Menschen zur Welt der Menschheit[17].

Diesen Ausgangspunkt auch nur in einige seiner wichtigsten Konsequenzen hinein zu verfolgen, verbietet sich im Rahmen dieser Studie. Er definiert jedoch das Bezugsproblem, im Hinblick auf welches Vertrauen funktional analysiert und mit anderen, funktional äquivalenten sozialen Mechanismen verglichen werden kann. Wo es Vertrauen gibt, gibt es mehr Möglichkeiten des Erlebens und Handelns, steigt die Komplexität des sozialen Systems,

---

[15] Dies gilt einerseits für den Gedanken *Simons*, von der unzureichenden rationalen Fähigkeit des Menschen her — und das ist eine spiegelbildliche Fassung des Komplexitätsproblems — die Funktion der Organisation von Entscheidungsprozessen zu begreifen; siehe insb. *H. A. Simon* 1955 und ders. 1957 b; ferner auch für die durch die Spieltheorie angeregten Bemühungen um eine Organisationstheorie, welche das Problem der „rationalen Unbestimmtheit" aller Situationen, an denen mehrere Menschen beteiligt sind, mit Strategie-Konzeptionen angeht — siehe z. B. *J. von Neumann* und *O. Morgenstern* 1961, insb. S. 9 ff.; *J. Marschak* 1954; ders. 1955 und dazu *G. Gäfgen* 1963, insb. S. 176 ff., und ders. 1961. Auch *H. Garfinkel* (1963) orientiert sich am Modellfall des Spiels, um die allgemeine These zu stützen, daß hinter allem „normalen" Erleben das Vertrauen steht, daß andere Menschen einer gemeinsamen Ordnung konstituierender Erwartungen folgen.

[16] Auch die Staatsvertragslehren der frühen Neuzeit benutzen die historische oder utopische Darstellung nur als Einkleidung einer funktionalen Aussage.

[17] Vgl. dazu: *P. Plessner* 1964, S. 41 ff., und als Kontrast *J. Cazeneuve* 1958.

also die Zahl der Möglichkeiten, die es mit seiner Struktur vereinbaren kann, weil im Vertrauen eine wirksamere Form der Reduktion von Komplexität zur Verfügung steht. Auf dieser Grundlage soll eine Analyse des Vertrauens im folgenden versucht werden. Ein Vergleich würde entsprechende Vorarbeiten über andere Mechanismen, etwa Recht und Organisation, voraussetzen und kann daher nicht in einer einzelnen Monographie geleistet werden. Es muß uns, von beiläufigen Hinweisen abgesehen, genügen, den Tatbestand des Vertrauens vergleichsfähig aufzuarbeiten.

2. Bestände und Ereignisse

Schon bei oberflächlichem Hinblick ist am Thema Vertrauen ein problematisches Verhältnis zur Zeit erkennbar. Wer Vertrauen erweist, nimmt Zukunft vorweg. Er handelt so, als ob er der Zukunft sicher wäre. Man könnte meinen, er überwinde die Zeit, zumindest Zeitdifferenzen. Vielleicht ist das der Grund, weshalb die Ethik aus einem heimlichen Vorurteil gegen die Zeit heraus Vertrauen empfahl als eine Haltung, die sich vom Zeitfluß unabhängig zu machen und so der Ewigkeit nahezukommen sucht. Aber die Vorstellung von Zeit, die solch einem Urteil zugrunde liegen könnte, ist, wie das Urteil selbst, unzulänglich geblieben. Die Zeit kann nicht als Fluß, als eine Bewegung, und auch nicht als Maß der Bewegung gedacht werden. Im Bewegungsbegriff ist ja in unerkannter Weise der Zeitbegriff schon vorausgesetzt.

Noch weniger hilft die in der Soziologie übliche Unterscheidung von Struktur und Prozeß. Von ihren offenkundigen Mängeln abgesehen — daß sie nämlich weder die Änderbarkeit der Strukturen noch die Strukturiertheit der Prozesse erfaßt —, benutzt sie objektivierende Begriffe von etwas Feststehendem und etwas Fließendem, in deren Entgegensetzung das Wesen der Zeit verborgen bleibt. Wir würden zögern, Vertrauen, sei es als Struktur, sei es als Prozeß zu identifizieren, und das zeigt schon Grenzen dieser Unterscheidung, zeigt die Unzulänglichkeit der herrschenden soziologischen Theorie, wenn es um das Thema Vertrauen geht, und zeigt schließlich eine Nähe dieses Themas zu einem noch nicht erfaßten Begriff von Zeit an.

Eine Theorie des Vertrauens setzt eine Theorie der Zeit voraus. Diese Voraussetzung führt in ein so schwieriges, dunkles Gelände, daß wir sie hier nicht einlösen können. Immerhin bieten neuere systemtheoretische Überlegungen einige Anhaltspunkte. Sie betref-

fen den Zusammenhang von System/Umwelt-Differenzierungen und Zeitlichkeit.
Sobald Systeme durch Ausdifferenzierung Grenzen gegenüber ihrer Umwelt bilden, entsteht ein Zeitproblem, das heißt zunächst eine Verschiebung der Prozesse, die die Ausdifferenzierung erhalten, in ein Nacheinander. Denn nicht alle Beziehungen zwischen System und Umwelt können momenthafte Punkt-für-Punkt-Korrelationen sein; vielmehr erfordert die Erhaltung der Differenz, zumindest bei komplexeren Systemen, Umwege, die Zeit brauchen. Auf Umweltereignisse wird teils überhaupt nicht, teils später, teils antizipatorisch reagiert — und nur in sehr geringem Maße sofort. Hierauf gründet *Talcott Parsons* sein berühmtes Vier-Felder-Schema der Systemprobleme, konstruiert durch Gegenüberstellung der Differenz von System und Umwelt und der Differenz gegenwärtiger und künftiger Erfüllung[1]. *Parsons* wertet diesen Gedanken nur für eine Theorie der Systemdifferenzierung aus. Er hat jedoch sehr viel weittragendere Bedeutung für die Konstitution von Zeitlichkeit selbst und für daraus folgende Probleme systeminterner struktureller Generalisierung.
Wenn diese Ableitung zutrifft, geht es in der Zeitlichkeit um ein durch Ausdifferenzierung ausgelöstes Zusammenbestehen von Veränderung und Nichtveränderung. Dieser Sachverhalt findet sich in sinnhaften Systemen menschlichen Erlebens und Handelns wieder und bestimmt auch hier die Erfordernisse struktureller Generalisierung.
Allem menschlichen Zeiterleben liegt als in der Reflexion erreichbarer letzter Befund ein Erleben von Dauer trotz Wechsels von Impressionen zugrunde[2]. Dieser Befund bietet, was immer er sein mag[3], der Interpretation zwei entgegengesetzte Ansatzpunkte: die Dauer und den Wechsel. Aus diesem Befund wird durch einen Prozeß intersubjektiver Konstitution die „objektive Zeit" gebildet als ein für alle Menschen gleiches Kontinuum von Zeitpunkten, in dem etwas dauern oder wechseln kann, das aber selbst gegen diesen Unterschied neutral ist. Die Paradoxie dieses Unterschiedes wird also gleichsam durch den Zeitbegriff unterlaufen, aber sie bleibt erhalten als Gegensatz zweier einander ausschließender Weisen der Identifikation in der Zeit.

---

[1] Die deutlichste Formulierung jetzt *T. Parsons* 1970, S. 30 ff. Ähnlich bereits *J. Piaget* 1955, insb. S. 275 ff., für psychische Systeme.
[2] Das Forschen nach einem ursprünglicheren als dem alltäglichen bzw. dem wissenschaftlichen Zeitbegriff ist namentlich durch *Bergson* und *Husserl* eingeleitet worden. Siehe *H. Bergson* 1889 und E. *Husserl* 1928.
[3] *Bergson* und *Husserl* nennen diesen Befund selbst schon „Zeit". *Husserl* allerdings räumt später ein: „Im Grunde ist die Urzeit noch nicht ernstlich Zeit" (Manuskript C 7 I, S. 17, zitiert nach *G. Brand* 1955, S. 96).

Entweder kann nämlich etwas als *Ereignis* identifiziert werden, das an einem Zeitpunkt feststeht, unabhängig vom je gegenwärtigen Erleben, das auf der Skala der Zeitpunkte voranschreitet, unaufhörlich Zeitpunkt für Zeitpunkt aus der Zukunft in die Vergangenheit überführend. Das Ereignis hat seine zeitpunktbezogene Identität also unabhängig von der Qualifikation als künftig, gegenwärtig oder vergangen, und der Sinn seiner Identität ist gerade diese Invarianz gegenüber dem Wechsel der Zeitqualitäten. Es bedarf aber dieses Wechsels, um in der Gegenwart Wirklichkeit werden, um sich ereignen zu können.

Oder etwas kann als *Bestand* identifiziert werden, der unabhängig vom Wechsel der Zeitpunkte dauert. Solche Dauer hat lediglich die je kontinuierlich aktuelle Gegenwart, während alles Zukünftige kommt, alles Vergangene wegfließt. Bestände können also nur als gegenwärtig identifiziert werden. In der Zukunft oder der Vergangenheit lassen sie sich allenfalls als Ereignisserien fassen und in der abgewandelten Form von kontinuierlich gegenwärtigen Erwartungen oder Erinnerungen zu Beständen machen[4]. So hat denn auch die Antike mit gutem Recht sich ewigen Bestand nur als Gegenwart vorstellen können, während es der heutigen Auffassung, die sich an der Identität der Zeitpunkte orientiert und sich deshalb die Gegenwart als bewegt vorstellen muß, näher läge, Ewigkeit als Gesamtereignis der Welt, etwa als creatio continua, zu begreifen und die Zeit demgemäß als eine Historie von Ereignissen zu sehen.

Beide Perspektiven schließen sich wechselseitig aus, da jede als ihr Identitätsprinzip das konstant hält, was die andere variieren muß, um ihr eigenes Identitätsprinzip zu gewinnen. Sie können deshalb nicht gleichzeitig gebraucht werden. Gerade durch diese Ausschließung aber fundieren beide Identifikationsformen sich auch als komplementäre Negationen. Variation ist als solche nämlich unbegreiflich, wenn man nicht Identitäten voraussetzen kann, in bezug auf die sich etwas ändert. Beide Identifikationsformen negieren (und machen dadurch begreiflich), was sich an der je anderen ändert. Sie beleuchten dadurch das, was die Zeit für die jeweils andere Art von Identität bedeutet: Die Identität der Ereignisse kon-

---

[4] Diese notwendige Gegenwärtigkeit aller Bestände ist in der heutigen objektivistischen Wissenschaftseinstellung nicht angemessen zu begreifen. Es ist denn auch kein Zufall, daß Denker von einiger Konsequenz sich Bestände überhaupt nur als Summe gleicher Ereignisse vorstellen können. Das besagt zum Beispiel der Begriff event-structure. Siehe seine Verwendung bei *J. Dewey* 1926, S. 72; bei *F. H. Allport* 1955, S. 614 ff.; oder bei *S. F. Nadel* 1957, S. 127 ff. Für die Theorie des Vertrauens ist dagegen die unumgängliche Gegenwartsbezogenheit aller Bestandssicherheit eine wesentliche Einsicht, ohne welche das Zeitproblem des Vertrauens nicht begriffen werden kann.

stitutiert das, was die zeitliche Problematik der Bestände ausmachte, nämlich das Fortschreiten der Gegenwart als eines je aktuellen Momentes, der seine Bestände nicht ohne weiteres mitnehmen kann, sondern sich immer um Erhaltung und Neuerwerb bemühen muß; die Identität der Bestände konstituiert das, was die Zeitproblematik der Ereignisse ausmacht, nämlich ihr unbeständiges Wegfließen aus der Zukunft in die Vergangenheit und ihre nur zufällige, glückhafte Allianz mit den Beständen.

Der Widerspruch dieser Identifikationsweisen erlaubt keinen Rückschluß auf die vermeintliche „Unrealität" der Zeit[5]. Ein solcher Schluß wäre besonders dann unergiebig und irreführend, wenn man einen Realitätsbegriff unterstellt, der von der Zeitlichkeit bereits abstrahiert. Vertrauen bezieht sich keineswegs auf ein unreal gestelltes Problem. Vielmehr konstituiert sich die Zeitlichkeit als jene doppelte Möglichkeit der Negation, die als Möglichkeit ebenso wie als Negation real ist, nämlich wirklich und mit nachweisbarer Leistungsfähigkeit orientiert[6]. Erst diese doppelte Negation des am je anderen Variierten ergibt ein vollständiges Schema der Zeit, die sich selbst der Erfassung entzieht. Weder der antike, gegenwartsbezogene noch der moderne, zeitpunktbezogene Zeitbegriff reichen aus. Mit diesen an je eine der beiden Perspektiven sich bindenden Zeitbegriffen gewinnt man lediglich ein Schema der Problematisierung der Bestände bzw. Ereignisse, das durch ein gegenperspektivisches Zeitdenken korrigiert werden müßte.

Durch diese kursorischen Überlegungen wird jedenfalls so viel klar, daß Vertrauen nicht einfach als „Überwindung der Zeit" begriffen werden kann. Auch schließt weder die eine noch die andere Zeitperspektive als dominierende Form der Erlebnisverarbeitung Vertrauensbildung aus. Es wäre höchst fragwürdig, wollte man behaupten, daß das antike Zeiterleben, weil es Bestände ganz als dauernd-aktuelle Gegenwart und nicht bloß als Ereignisreihen erfassen konnte, faktisch mehr Ansatzpunkte für Vertrauensbildung bot als das unsrige. Eine wesentliche Einsicht können wir unserer Analyse jedoch entnehmen, daß nämlich Bestandssicherheit, und das heißt Sicherheit schlechthin, nur in der Gegenwart

---

[5] Eine solche Auffassung ist im Anschluß an *J. E. McTaggart* 1908 ausgiebig diskutiert worden. Als neuere Stellungnahme siehe *R. M. Gale* 1968 mit weiteren Hinweisen. Dieser Diskussion liegt allerdings eine weniger geschlossene Problemkonstruktion zu Grunde, nämlich nur der Unterschied einer Zeitauffassung, die eine Bewegung von Positionen aus der Vergangenheit durch die Gegenwart in die Zukunft berücksichtigt, zu einer solchen, die lediglich auf die unumkehrbare Reihenfolge abstellt. Die anschließende Diskussion ist deshalb über die Schwierigkeiten der Interpretation dieses Unterschieds nicht hinausgekommen.

[6] Zur Funktion von Negationen einige Bemerkungen in *J. Habermas* und *N. Luhmann* 1971, S. 35 ff.

möglich ist und daher auch nur in der Gegenwart sichergestellt werden kann[7]. Dasselbe gilt für Vertrauen als einer Form der Sicherheit. Vertrauen kann nur in der Gegenwart gewonnen und erhalten werden. Nicht die ungewisse Zukunft, aber auch nicht die Vergangenheit, kann Vertrauen erwecken, da auch das Gewesene nicht vor der Möglichkeit künftiger Entdeckung einer anderen Vergangenheit sicher ist. Diese Gegenwartsbezogenheit des Vertrauens kann nicht begriffen und in ihren Konsequenzen ausgearbeitet werden, wenn man die Gegenwart nach Art eines am Zeitpunkt haftenden Ereignisses als bloßen Moment versteht, als den Augenblick, in dem ein Ereignis sich ereignet. Grundlage allen Vertrauens ist vielmehr die Gegenwart als dauerndes Kontinuum im Wechsel der Ereignisse, als Gesamtheit der Bestände, an denen Ereignisse sich ereignen können.

Das Problem des Vertrauens besteht nämlich darin, daß die Zukunft sehr viel mehr Möglichkeiten enthält, als in der Gegenwart aktualisiert und damit in die Vergangenheit überführt werden können. Die Ungewißheit darüber, was geschehen wird, ist nur ein Folgeproblem der sehr viel elementareren Tatsache, daß nicht alle Zukunft Gegenwart und damit Vergangenheit werden kann. Die Zukunft überfordert das Vergegenwärtigungspotential des Menschen. Und doch muß der Mensch in der Gegenwart mit einer solchen, stets überkomplexen Zukunft leben. Er muß also seine Zukunft laufend auf das Maß seiner Gegenwart zurückschneiden, Komplexität reduzieren.

Wir können dieses Problem schärfer erfassen, wenn wir zwischen *gegenwärtiger Zukunft* und *künftigen Gegenwarten* unterscheiden[8]. Jede Gegenwart hat ihre eigene Zukunft als offenen Horizont ihrer künftigen Möglichkeiten. Sie vergegenwärtigt sich eine Zukunft, von der nur eine Auswahl künftig Gegenwart werden kann. Im Fortschreiten in die Zukunft produziert sie durch Selektion aus diesen Möglichkeiten neue Gegenwarten und zugleich neue Zukunftshorizonte für diese Gegenwarten. Sie produziert Bestände in dem Maße, als ihre gegenwärtigen und ihre künftigen Gegenwarten identisch bleiben; sie produziert Ereignisse in dem Maße, als sie Diskontinuitäten erzeugt. Soweit ein Erleben sich jene Differenz seiner gegenwärtigen Zukunft und seiner künftigen Gegenwarten bewußt macht, entsteht mit der Chance bewußter Selektion zugleich Unsicherheit und ein Bedarf für die Sicherung von Zusammenhängen zwischen gegenwärtigen und künftigen Ge-

---

[7] Dazu kurz aber treffend: *G. H. Mead* 1938, S. 175.

[8] Die Ungleichzeitigkeit dieser beiden Zeitbestimmungen ist logisch eine Vorbedingung der Möglichkeit von Selektionen. Trotzdem wird sie im Zeiterleben normalerweise nicht mitbedacht und von der neueren Logik temporaler Aussagen sogar explizit geleugnet. Vgl. z. B. *A. N. Prior* 1957, S. 10; ders. 1968, S. 8; *N. Rescher* 1968, S. 214.

genwarten, die durch die gegenwärtige Zukunft als gefährdend erscheinen.

Diese Anforderungen sind unvertagbar. Entsprechende Leistungen werden dem Menschen in der dauernden Gegenwart permanent abverlangt. Vertrauen ist eine der Möglichkeiten, sie zu erbringen. Demnach befaßt die Vertrauensbildung und -vergewisserung sich mit dem Zukunftshorizont der jeweils gegenwärtigen Gegenwart. Sie versucht, Zukunft zu vergegenwärtigen und nicht etwa, künftige Gegenwarten zu verwirklichen. Alle Planungen und Vorausberechnungen künftiger Gegenwarten, alle indirekten, langfristig vermittelten, umweghaft konzipierten Orientierungen bleiben unter dem Gesichtspunkt des Vertrauens problematisch und bedürfen eines Rückbezugs in die Gegenwart, in der sie verankert werden müssen. Die zunehmende Komplexität solcher Planungen macht in wachsendem Umfange eine Vertagung von Befriedigungen und Entscheidungen erforderlich, deren zeitpunktmäßige Vorplanung und Terminierung kein Gewißheitsäquivalent zu bieten vermag. Daher steigt mit zunehmender Komplexität auch der Bedarf für Vergewisserungen der Gegenwart, zum Beispiel für Vertrauen. Dieser Sachverhalt läßt sich mit Hilfe der Unterscheidung von instrumentellen und expressiven Variablen verdeutlichen, die, aus der Kleingruppenforschung stammend, in der neueren soziologischen Systemtheorie wachsende Bedeutung gewinnt[9].

In dieser Unterscheidung, deren Grundlagen noch wenig geklärt sind[10], ist ein Zeitproblem[11] vorausgesetzt. Während instrumentelle

---

[9] Vgl. etwa: *R. F. Bales* 1951; *T. Parsons,* R. F. Bales, E. A. Shils 1953; *T. Parsons, R. F. Bales* 1955; *Ph. E. Slater 1*959, S. 300—310; *J. W. Thibaut, H. H. Kelley* 1959, S. 278 ff.; *Ph. M. Markus 1*960, S. 54—59; *A. Etzioni* 1961, insb. S. 91 f. u. ö.; ders. 1965, S. 688—698. Vgl. ferner die bei *Durkheim* entlehnte Unterscheidung von instrumentellen und konsumatorischen Problemvariablen, mit deren Hilfe *Parsons* die Zeitachse seiner Theorie des Aktionssystems konstruiert, so z. B. *T. Parsons* 1959, S. 3—38 (5 ff.).

[10] Mißlich ist vor allem, daß die Kleingruppenforschung die Befriedigung der sozio-emotionalen Bedürfnisse von Gruppenmitgliedern durch expressives Handeln als ein *internes,* die Zweckerfüllung und alles, was dazu notwendig ist, dagegen als ein *externes* Problem ansieht, also den Gegensatz von expressiven und instrumentellen Variablen mit der das System konstituierenden Innen/Außen-Differenz verquickt. Dabei ist stillschweigend vorausgesetzt, daß eine Gruppe aus Personen mitsamt ihren konkreten persönlichen Bedürfnissen besteht und nicht nur aus Rollen — eine Auffassung, die in der Soziologie seit längerem als unhaltbar erkannt und aufgegeben worden ist. Legt man die soziologische Systemtheorie zugrunde, wird es unausweichlich, auch die Befriedigung der sozio-emotionalen Bedürfnisse der Gruppenmitglieder als ein externes Systemproblem anzusehen. Die Unterscheidung und Trennung von expressiven und instrumentellen Aspekten, Handlungen oder gar Rollen erscheint dann als sinnvolle Differenzierung des Stils, in dem ein System

Orientierungen sich auf Zwecke, also auf die in der Zukunft erwarteten Wirkungen beziehen, dient der expressive Gehalt von Erlebnissen der Stabilisierung der Gegenwart in der Sicherheit ihrer Bestände, und zwar nicht einer ereignisartigen, momenthaft aufblitzenden Gegenwart, sondern einer Gegenwart, die sich mit Hilfe je eigener Zeithorizonte der Zukunft und Vergangenheit als dauernde Basis wechselnder Ereignisse konstituiert[12].

Das Vordringen instrumentell spezifizierter Orientierungen auf Kosten der Gegenwart ist eine Bedingung rationaler Leistungssteigerung. Es führt aber, wie in der Industriesoziologie durchgehend beobachtet wird, zu einer Sinnentleerung der Gegenwart und damit zu einem wachsenden Bedarfsdruck auf expressive Variable. In diesem Druck erblickt die herrschende Auffassung in Theorie und Praxis ein Problem und damit eine Aufforderung zur Planung, zur Instrumentalisierung und zur organisatorischen Sicherstellung einer zweckmäßigen Expression[13]. Das impliziert den gewaltsamen Versuch, aus der unausweichlichen Gleichzeitigkeit des gemeinsamen menschlichen Lebens auszubrechen, die Gegenwärtigkeit des anderen Menschen in die Zukunft zu projizieren und damit Zeit zu gewinnen, sie zu planen und durch selektive Manipulation von Darstellungen zu beeinflussen. Aber alle Menschen leben und altern zusammen in stets gegenwärtig-gemeinsamem Dauern[14]. Wer die Gegenwart anderer manipulieren will, müßte sich ihr entziehen und in eine andere Zeit entfliehen können. Da das nicht möglich ist, läuft alle Manipulation Gefahr, selbst in ihrer eigenen Gegenwart sichtbar, also zur Expression zu werden und damit sich und ihr Ziel zu verraten. Dem kann zwar durch

---

mit verschiedenen Umwelten verkehrt, nämlich mit seinen Mitgliedern einerseits, den Nichtmitgliedern andererseits.

[11] So im Prinzip auch *Parsons.* Vgl. z. B. 1961, S. 324; 1970, S. 31 f.

[12] Für die herrschende Zeittheorie ist es bezeichnend, daß *Parsons* den Gegenwartsbezug des expressiven Verhaltens nur als „Verbrauch", also als Ereignis, zu erfassen vermag und daher die Dichotomien instrumentell-expressiv und instrumentell-konsumatorisch gleichsinnig verwendet.

[13] Die in der oben (Anm. 9) angegebenen Literatur behandelten Doppelführungstheorien und im weiteren Sinne alle Versuche der human relations-Bewegung, gefühlsbildende Gruppenprozesse in den Dienst von Organisationszwecken zu stellen, sind ein Beispiel dafür. In der allgemeinen Theorie der Darstellung sozialer Identitäten sind die Schriften von *Erving Goffman* für diese Perspektive bezeichnend. Vgl. insb.: *E. Goffman* 1959. Für den Bereich der Politik siehe etwa *M. Edelman* 1964.

[14] Dieses gemeinsame Altern ist, wie namentlich *Alfred Schütz* immer wieder betont hat, eine Bedingung der intersubjektiven Konstitution der Zeit. Vgl. *A. Schütz* 1932, S. 111 ff., und weitere Ausarbeitungen in den späteren Aufsätzen, gesammelt in: *A. Schutz* 1962, 1964 und 1966, passim.

soziale Differenzierung, Rollentrennungen, Kommunikationsschranken und Informationskontrolle, kurz durch soziale Organisation weitgehend vorgebeugt werden. Aber damit wird nur bewirkt, daß der Verdacht auf Manipulation universell wird und sich dadurch von Bestätigungen oder Widerlegungen im Einzelfall unabhängig festsetzt. Vertrauen läßt sich nur dann erhalten, wenn es eine Form findet, in der es mit diesem Verdacht leben kann und gegen ihn immun wird[15].

Dieses Dilemma von Instrumentalität und Expressivität bzw. von zukunftsbezogener Ereigniskontrolle und gegenwärtiger Bestandssicherheit, das schärfer wird in dem Maße, als die Komplexität der Verhältnisse zunimmt, gewinnt deutlichere Konturen, wenn wir es mit dem Thema des vorigen Kapitels, dem Problem der Komplexität, in Verbindung bringen. Dazu muß zunächst unsere Zeitanalyse um einige Gedanken weitergeführt werden.

Die Konstitution der objektiven Zeit, die Interpretation des subjektiv erlebbaren Gegensatzes von Dauer und Wechsel durch den objektiven Gegensatz identischer Bestände und identischer Ereignisse, dient der Eröffnung eines Spielraums der Variation. In der Ereignisperspektive werden mit der Gegenwart die Bestände, in der Bestandsperspektive mit der Zukunft und der Vergangenheit die Ereignisse bewegt, das heißt für andere Möglichkeiten aufgeschlossen. Diese Variabilität erfaßt alles, was ist, ohne Ausnahme[16]. Die Zweiheit der sich wechselseitig ausschließenden Perspektiven garantiert diese Vollständigkeit und erspart dem Menschen die für ihn unvollziehbare Vorstellung, daß alles mit allem auf einmal variieren könnte. Die Zeit wird, mit anderen Worten, als grenzenlose und doch reduzierbare Komplexität konstituiert. Die Zeitdimension ist mithin, wie die Sozialdimension auch, eine Auslegung der Welt unter dem Gesichtspunkt äußerster Komplexität. Sie zeichnet vor, daß alles anders werden kann. Der Boden dieses Weltentwurfs aber, der noch die Zeit selbst, noch die Welt selbst, ja noch die äußerste unbestimmte Komplexität selbst zu einem Bestand werden läßt, ist die faktisch dauernde Gegenwärtigkeit des aktuellen Erlebens. Alle Komplexität anderer Möglichkeiten wird durch diese Gegenwart auf erlebbare Aktualität reduziert, die Welt selbst zum Beispiel auf den miterlebbaren „Horizont“ des Erlebens. Die Bestände, die an der Aktualität der Gegenwart teilnehmen können, dienen der Erfas-

---

[15] Auf Möglichkeiten einer solchen Symbiose von Vertrauen und Verdacht werden wir im 9. Kapitel über Vertrauen in Vertrauen zurückkommen.

[16] Ideengeschichtlich gesehen, tritt dieses Konzept an die Stelle der ontologischen Temporalisierung des Seins auf der Basis der Bewegungsvorstellung, die die Universalität der Zeitlichkeit verbinden mußte mit der Vorstellung, daß sich alles bewegt.

sung und Reduktion jener äußersten Komplexität, der Bestimmung des Bestimmbaren, oder — in der traditionellen, die Zeit ausklammernden Sprache der ontologischen Metaphysik — der Formung der Materie. Sie leisten dies, indem sie die Welt auslegen, strukturieren und so vereinfachen, daß Ereignisse Informationswert gewinnen und mit menschlichem Handeln zu einem Prozeß selektiver Auswahl verschmolzen werden können. In dieser ihrer Funktion als Reduktionhilfen schaffen die Bestände des Erlebens gegenwärtige Sicherheit.

Man kann die Zeit deshalb auch als Reduktion der Komplexität begreifen, – sei es, daß man die Gegenwart als in die Zukunft voranschreitenden Standpunkt des subjektiv-selektiven Erlebens ansieht, sei es, daß man sie als feststehenden, in den „Fluß der Zeit" eingebauten Filter auffaßt, der Mögliches in Wirkliches transformiert. Beide Bewegungsbilder sind, das wissen wir, inadäquate Metapher für jenen Vorgang der Vermittlung zwischen Komplexität der Welt und Aktualität des Erlebens, den wir Reduktion nennen.

Vor dem Hintergrund dieser Überlegungen tritt die Funktion des Vertrauens deutlicher ins Relief. Sie stärkt die Gegenwart in ihrem Potential, Komplexität zu erfassen und zu reduzieren; sie stärkt die Bestände gegenüber den Ereignissen und ermöglicht es daher, mit *größerer Komplexität in bezug auf Ereignisse zu leben und zu handeln*. Vertrauen stärkt, um auf eine bekannte psychologische Theorie anzuspielen, die „Toleranz für Mehrdeutigkeit"[17]. Diese Leistung ist mithin nicht zu verwechseln mit instrumenteller Ereignisbeherrschung. Wo solche Beherrschung sichergestellt (also „vergegenwärtigt") werden kann, ist Vertrauen unnötig. Vertrauen braucht man zur Reduktion einer Zukunft von mehr oder weniger unbestimmt bleibender Komplexität.

Ereignisbeherrschung und Vertrauen zu unterscheiden, ist nicht nur ein Gebot begrifflicher Klarheit, sondern auch erforderlich, um bestimmte Einsichten über den Zusammenhang beider zu gewinnen. Unbestimmte Komplexität möglicher Ereignisse ist nämlich nicht nur eine Folge mangelnder Zukunftsplanung, sondern in anderem Sinne auch eine Folge des Ausmaßes instrumenteller Planung[17a]. Mit der weit vorgreifenden, über lange und kompliziert verflochtene Ketten von Ursachen und Wirkungen projektierten, viele Parameter und viele Handlungen verschiedener Menschen einbeziehenden Planung nehmen die Möglichkeiten der Zukunft nämlich nicht ab, sondern zu. Für den einzelnen entsteht dann gerade aus solcher geplanten Komplexität eine neue Art von Unsi-

---

[17] Siehe z.B *E. Frenkel-Brunswik* 1949; *P. R. Hofstätter* 1959, S. 160 ff. Nahestehend auch: *J. W. Atkinson* 1957.

[17a] Vgl. *F. H. Tenbruck* 1972.

cherheit. Dazu kommt, daß es in dieser Planung ein hohes Maß von *technisch sinnvollen Unbestimmtheiten* gibt. Es wird sinnvoll, Entscheidungen zu vertagen, bis der Lauf der Zeit mehr Ereignisse verwirklicht, mehr Komplexität reduziert hat. Geld, Macht und Wahrheit, darauf kommen wir eingehend zurück, sind soziale Mechanismen, die es erlauben, Entscheidungen zu vertagen und doch schon sicherzustellen, also mit einer Zukunft von hoher, unbestimmter Ereigniskomplexität zu leben. Die gegenwärtige Stabilisierung dieser und anderer Mechanismen setzt Vertrauen voraus. Ereignisbeherrschung und Vertrauen sind mithin nicht lediglich funktional äquivalente, einander substituierbare Mechanismen der Reduktion von Komplexität; steigt die erfaßbare Komplexität möglicher Ereignisse, dann müssen sie beide komplementär und nebeneinander stärker beansprucht werden.
Demnach ist nicht zu erwarten, daß das Fortschreiten der technisch-wissenschaftlichen Zivilisation die Ereignisse unter Kontrolle bringen und Vertrauen als sozialen Mechanismus durch Sachbeherrschung ersetzen und so erübrigen werde. Eher wird man damit rechnen müssen, daß Vertrauen mehr und mehr in Anspruch genommen werden muß, damit technisch erzeugte Komplexität der Zukunft ertragen werden kann. Mit Recht hat *Talcott Parsons* die Bedeutung kleingruppenmäßig-expressiver Solidarität als Basis politischen Vertrauens gerade mit der notwendigen Unbestimmtheit der Komplexität politischer Prozesse in Zusammenhang gebracht[18]. Zugleich lehrt dieses Beispiel, daß Teilsysteme der Gesellschaft wie die Politik und vielleicht auch die Wirtschaft, die nicht mehr genug für die Gegenwart tun können, eben dadurch auf andere Handlungsbereiche angewiesen bleiben, die sich diesen vertrauensbildenden Gegenwartsbezug bewahrt haben.

3. Vertrautheit und Vertrauen

Die Grenzen menschlicher Erlebnisfähigkeit sind durch ihre intentionale Struktur gegeben und charakterisiert. Jede Intention erfaßt etwas Gemeintes — und setzt dabei die Welt im übrigen voraus. Die Grenze des jeweils Gemeinten kann, ja muß laufend durchstoßen werden. Es ist nicht möglich, das Erleben stillzuhalten, bei ein und immer demselben Thema stehen zu bleiben. Diese Selbstbeweglichkeit des Erlebens ist elementare Voraussetzung da-

---

[18] Vgl. *T. Parsons* 1959 b, insb. S. 96 f.

für, daß die Komplexität der Welt übernommen und auf sinnvolle Verhaltensdirektiven reduziert werden kann. Das Erleben kann seine jeweilige Grenze aber nur transzendieren, indem es sie verschiebt, indem es andere Grenzen akzeptiert. In solcher Bewegung des Erlebens konstituieren sich gegenständliche Identitäten, die das Erleben vom einen zum anderen überleiten, künftiges Erleben in Aussicht stellend und vergangenes bewahrend; und so konstituiert sich die Welt als Universalhorizont des Erlebens, der immer in aller Bewegung vorausgesetzt werden muß und nie durchbrochen werden kann.

Die Anleitung des Erlebens durch Konstitution von Sinn und Welt zur Erfassung komplexer Daseinsbedingungen ist eine *intersubjektive Leistung*[1]. Eine transzendental-phänomenologische Aufhellung der Welt und ihrer Komplexität muß diese transintentionale Intersubjektivität der Konstitution mit im Blick behalten. Denn der Bekanntheitsstil, die Wahrheitsfähigkeit und der faßbare Komplexitätsgrad des Seienden in der Welt ändern sich mit dem Stil der intersubjektiven Konstitution von Sinn und Welt.

Sinn und Welt werden zunächst und im allgemeinen *anonym* konstituiert[2]. Jedermann wird als dasselbe miterlebend vorausgesetzt in der Leerform eines anderen Ichs, als „Man"[3]. Die Konstitutionsleistung bleibt infolgedessen undifferenziert. Sie wird in diffuser Übereinstimmung von allen erbracht. Insoweit ist daher auch kein besonderes Vertrauen in den Mitmenschen nötig. Wer nicht zustimmt, erschüttert die gemeinsame Weltsicht nicht, sondern schließt sich dadurch selbst aus der vernünftigen Menschheit aus. Dieser anonymen Form der Konstitution entsprechen als Kommunikationsmedien die Wahrheit und als Bekanntheitsstil die Vertrautheit und Selbst-Verständlichkeit des Seienden. In der Kommunikation zwischen Menschen wird diese Vertrautheit nur zum Teil verbalisiert, im übrigen als Verständnisgrundlage vorausgesetzt und durch moralische Bewertung als selbstverständlich, gut

---

[1] Zu dieser auf den von *Husserl* gelegten Grundlagen erarbeiteten These vgl. einige Literaturhinweise Kap. 1, Anm. 13; ferner *A. Gurwitsch* 1962; *P. L. Berger* und *St. Pullberg* 1965, S. 102 f.; *P. L. Berger* und *T. Luckmann* 1966. Auch *Sartres* Begriff der „totalisation" impliziert diese Intersubjektivität — vgl. *J.-P. Sartre* 1960.

[2] Um die Herausarbeitung dieses Gedankens hat sich namentlich *Alfred Schütz* verdient gemacht. Vgl. *A. Schütz* 1932, S. 220 ff. Vgl. auch *E. Husserl* 1954, S. 114 ff.

[3] Die Abwertung der Sozialdimension als bloßes Mitsein des Man bei *M. Heidegger* 1949, S. 114 ff., geht von diesem Grundtatbestand aus, gibt ihm aber zu Unrecht den Status der „Uneigentlichkeit" im Vergleich zu einem „eigentlichen" Sein. Demgegenüber zeigen *P. L. Berger* und *H. Kellner* 1965, daß gerade auch der Intimkontakt Welt artikulierende Bedeutung hat.

und richtig gesichert[4]. Das wahre und vertraute Seiende enthält in sich kein Motiv der Rückfrage nach dem „Wer" des Erlebens, nach dem Subjekt der Sinnbildung. Das Seiende selbst erscheint ihm als „subjectum". So wird der Konstitutionsprozeß gegen Einblick abgedeckt. Es gibt dann auch keinen Anlaß, das Rückfragen auf ein „wer und wer nicht" auszudehnen.

Natürlich darf die fraglos-selbstverständliche Welt dieses Stils nicht als faktisch voll konsentierte Welt gewertet werden. Es gibt in ihr Differenzen und Meinungsverschiedenheiten übergenug. Aber sie werden nicht der Welt, sondern dem Menschen als einem Gegenstand in der Welt angelastet, seiner Unvernunft, seiner bösen Absicht, seiner fremden Herkunft oder heute mit Vorliebe seinen „Komplexen" zugerechnet und damit entschärft. Derart interpretiert, beunruhigen und verunsichern sie das eigene Erleben nicht, sondern werden einem besonderen Faktum in der Welt zugeschrieben, auf das man sich durch bestimmbare Handlungen des Mißtrauens, der Vorsicht, der Kampfbereitschaft oder der psychologisch geschulten Indifferenz einstellen kann.

Mit der anonym und latent bleibenden Konstitution von Sinn und Welt wird das volle Potential der an sich gegebenen Erlebnismöglichkeiten, die extreme Komplexität der Welt, dem Bewußtsein entzogen. Die vertraute Welt ist dann relativ einfach und wird in dieser Einfachheit durch ziemlich enge Grenzen gesichert. Die Komplexität ihrer Möglichkeiten erscheint gleichwohl[5], und zwar als Schnitt zwischen dem Vertrauten und dem Unvertrauten, dem Fremden, dem Unheimlichen, das bekämpft oder mystifiziert wird. Erst in dem Maße, als der andere Mensch nicht nur als Gegenstand in der Welt, sondern als alter ego ins Bewußtsein tritt, als Freiheit, die Dinge anders zu sehen und sich anders zu verhalten, wird die traditionelle Selbstverständlichkeit der Welt erschüttert, wird ihre Komplexität in einer ganz neuen Dimension sichtbar, für die vorerst keine angemessenen Formen der Erfassung und Absorption zur Verfügung stehen.

Vertrautheit in diesem Sinne ermöglicht relativ sicheres Erwarten und damit auch ein Absorbieren verbleibender Risiken, ist aber selbst weder günstige noch ungünstige Erwartung, sondern Bedingung der Möglichkeit für beides. Vertrautheit ist Voraussetzung für Vertrauen wie für Mißtrauen, das heißt für jede Art des Sichengagierens in eine bestimmte Einstellung zur Zukunft. Nicht

---

[4] Vgl. dazu *H. Garfinkel* 1964; *P. L. Berger* und *T. Luckmann* 1966, S. 140 ff.

[5] Darin, daß ein Außerhalb stets zugänglich bleibt, sieht *H. Plessner* 1964, S. 45 f.; mit Recht einen wesentlichen Unterschied der vertrauten Nahwelt des Menschen zur Umwelt des Tieres. Vgl. auch entsprechende Bemerkungen zum Sinnbegriff und zum Horizontbegriff bei *H. Hülsmann* 1967, S. 4.

nur günstige Aussichten, sondern auch Gefahren bedürfen einer gewissen Vertrautheit, einer sozial konstituierten Typizität, um ein vertrauensvolles oder mißtrauisches Hineinleben in die Zukunft zu ermöglichen. Jene Vorleistung von Ordnung hat noch gar nicht diese Alternativität von günstiger oder ungünstiger Zukunft, die sich erst in bezug auf Handlungsintentionen oder Systeminteressen entfaltet. Sie ist Struktur der Existenz, nicht Struktur der Handlung. Und sie bezieht sich auf die Welt, während Vertrauen und Mißtrauen stets nur ausgewählte Aspekte der Welt, vergleichsweise winzige Ausschnitte möglichen Sinnes erfassen und thematisieren können.

In vertrauten Welten dominiert die Vergangenheit über Gegenwart und Zukunft. In der Vergangenheit gibt es keine „anderen Möglichkeiten" mehr, sie ist stets schon reduzierte Komplexität. Die Orientierung am Gewesenen kann daher die Welt vereinfachen und verharmlosen. Man unterstellt, daß das Vertraute bleiben, das Bewährte sich wiederholen, die bekannte Welt sich in die Zukunft hinein fortsetzen wird. Und diese Unterstellung hat im großen und ganzen Erfolg, da alle Menschen auf sie angewiesen sind und niemand in der Lage ist, alles auf einmal anders zu machen. Die Menschheit kann das, was sie durchlebt hat, nicht der Vergangenheit überlassen. Sie muß es in wesentlichen Zügen sich als ihre Geschichte laufend vergegenwärtigen, weil Geschichte ihr wichtigstes Mittel der Reduktion von Komplexität ist. Auf diese Weise löst die Zeitdimension in ihrem Vergangenheitsaspekt ein Problem, das eigentlich in die Sozialdimension gehört: unerwartetes Handelns auszuschließen. Die soziale Kontingenz der Welt wird dadurch unsichtbar gemacht, und deshalb bleibt in der vertrauten Welt die soziale Konstitution allen Sinnes anonym.

Demgegenüber ist Vertrauen in die Zukunft gerichtet. Zwar ist Vertrauen nur in einer vertrauten Welt möglich; es bedarf der Geschichte als Hintergrundsicherung. Man kann nicht ohne jeden Anhaltspunkt und ohne alle Vorerfahrungen Vertrauen schenken. Aber Vertrauen ist keine Folgerung aus der Vergangenheit, sondern es überzieht die Informationen, die es aus der Vergangenheit besitzt und riskiert eine Bestimmung der Zukunft. Im Akt des Vertrauens wird die Komplexität der zukünftigen Welt reduziert. Der vertrauensvoll Handelnde engagiert sich so, als ob es in der Zukunft nur bestimmte Möglichkeiten gebe. Er legt seine gegenwärtige Zukunft auf eine künftige Gegenwart fest. Er macht damit den anderen Menschen das Angebot einer bestimmten Zukunft, einer gemeinsamen Zukunft, die sich nicht ohne weiteres aus der gemeinsamen Vergangenheit ergibt, sondern ihr gegenüber etwas Neues enthält.

Vertrautheit und Vertrauen sind mithin komplementäre Mittel der Absorption von Komplexität und, wie Vergangenheit und Zukunft selbst, aneinandergekettet. Die Einheit der Zeit, die gegenwärtig Vergangenheit und Zukunft trennt, aber doch aufeinander verweist, ermöglicht ein solches Verhältnis komplementärer Leistungen, von denen die eine, Vertrauen, die andere, Vertrautheit, gleichwohl voraussetzt. Es ist aber zu vermuten, daß dieses Bedingungsverhältnis nicht invariant ist, sondern Akzentverschiebungen zuläßt, und daß der Bedarf einer Sozialordnung für Vertrautheit und für Vertrauen wechselt mit der Komplexität der sozialen Systeme selbst und mit ihrem Verhältnis zur Zeit. In dem Maße, als eine Sozialordnung komplexer und variabler wird, verliert sie als Ganzes den Charakter der Selbstverständlichkeit, der bekannten Vertrautheit, weil die tägliche Erfahrung sie nur ausschnitthaft zu Gesicht bringen oder erinnern kann. Andererseits ergibt sich aus der Komplexität der Sozialordnung selbst ein gesteigerter Koordinationsbedarf und damit ein Bedarf für Festlegung der Zukunft, also ein Bedarf für Vertrauen, das nun immer weniger durch Vertrautheit gesützt sein kann. Vertrautheit und Vertrauen müssen unter diesen Umständen ein neues Verhältnis wechselseitiger Stabilisierung suchen, das nicht mehr in der unmittelbar erlebbaren, traditional bestimmten Nahwelt gründet, also nicht mehr durch eine Grenze zum Unvertrauten und daher Fremden und Feindlichen abgesichert werden kann. Geschichte kann dann nicht mehr als erinnerbare Erfahrung, sondern nur noch als schon entschiedene Struktur sozialer Systeme Vertrauensgrundlage sein, und das Vertrauen muß sich auf diese Systeme selbst beziehen.

Diese Hypothese ist im Hinblick auf die Struktur und die wachsende Eigenkomplexität sozialer Systeme gewonnen worden. Sie läßt sich durch eine transzendentale Reflexion wiederholen und vertiefen, die nicht auf die Komplexität sozialer Systeme, sondern auf die durch sie ermöglichte Komplexität der Welt abstellt. Die Ausweitung der Weltvorstellung zu größerer Komplexität kündigt sich seit der beginnenden Neuzeit vor allem in zwei zusammenhängenden Ereignisreihen an: in der Wendung der philosophischen Metaphysik ins Subjektive und in der Beschränkung des Bereichs eigentlicher Wahrheit auf die positiven Wissenschaften. In beiden Fällen bleibt die Veränderung des Stils der Intersubjektivität zunächst unbedacht.

Die cartesianische Wendung der Metaphysik setzt die Bewußtheit des an sich selbst denkenden Denkens an jene Stelle, die vordem das dem Bewußtsein vorliegende Sein des Seienden eingenommen hatte. Aber die Selbstbewußtheit des Denkens wird als innere Erfahrung des Einzelmenschen gesehen und auf dieser Grundlage lediglich verallgemeinert, nicht aber als intersubjektiver Prozeß der Konstitution von Sinn und Welt wirklich erforscht. Die positiven Wissenschaften reduzieren das wahrheitsfähige Wissen auf die Funktion der Ordnung des Verhältnisses von Wahrnehmung und Begriff in der Annahme, daß sowohl Wahrnehmungen als auch Begriffe, vor allem aber die Übereinstimmung beider, zu eindeutiger intersubjektiver Gewißheit festgestellt und gegen die Willkür des alter ego gesichert werden könnten. So ist es zu einer immens erfolgreichen wissenschaftlichen Forschung gekommen, die sich nun zunehmend damit begnügt, ihre Methoden durch ihre Erfolge zu rechtfertigen, ohne die Fragen zuzulassen, was mit jenen Wissensbereichen geschieht, in denen diese intersubjektive Gewißheit nicht erreichbar ist, und welchen Sinn es überhaupt hat, intersubjektive Gewißheit anstelle der altvertrauten Evidenz zum Wahrheitskriterium zu machen.

Die damit offengelassenen Fragen können hier nicht angemessen ausgearbeitet, geschweige denn beantwortet werden. Für ein Abheben des Vertrauensproblems von der allgemeinen Vertrautheit der Lebenswelt ist es jedoch wesentlich, diesen Fragenkreis der intersubjektiven Konstitution im Blick zu behalten. Die allgemeine, anonym konstituierte Vertrautheit der Lebenswelt, Natur und menschliche Beziehungen eingeschlossen, ist und bleibt die selbstverständliche Daseinsgrundlage, die jeweilige Basis für alle spezifischen, thematisch zugreifenden Intentionen. In dieser gemäßigten Zone ohne spezifische Vertrauens- oder Mißtrauensprobleme hält der Mensch sich alltäglich auf. Sie ist Voraussetzung allen Vertrauens und allen Mißtrauens. Er kann aber die intersubjektive Konstitution dieser Basis nicht sehen, nicht zum Problem machen, soweit er nicht in der Lage ist, jene Vertrautheit mit der gegenständlichen Welt in Vertrauen in ihren intersubjektiven Konstitutionsprozeß zu verwandeln[6]. Er bleibt in der Höhle der Schatten, die Platon beschrieb, und muß sich mit schon reduzierten Formen begnügen, es sei denn, daß er sich in die Lage versetzt, der vollen Komplexität der Welt mit wirksameren Formen der Reduktion von Komplexität zu begegnen. Dabei wird es nicht darauf ankommen, die seine Sehkraft überstrahlende Evidenz von Ideen auszuhalten[7], sondern darauf, in Prozessen intersubjektiver Kommunikation Systeme zu stabilisieren, die mehr Komplexität der Welt erfassen und reduzieren können, und sein Vertrauen auf das Funktionieren dieser Systeme zu setzen. Nur so ist der *transzendentale* Prozeß der Konstitution von Welt und Sinn auf einer Stufe höherer Komplexität zu *realisieren*[8].

---

[6] In diesem transzendentalen Sinne spricht auch *M. Adler* 1936, S. 91, von Vertrauen — nämlich von Vertrauen in die Fähigkeit der Mitmenschen, die Wirklichkeit richtig zu erfahren.

[7] Selbst *Husserl* ließ sich bekanntlich von diesem platonischen Gedanken noch beeindrucken und dadurch um den vollen Ertrag seines Lebenswerkes bringen.

[8] Hierzu auch *N. Luhmann* 1971, S. 66 ff. *H. Hülsmann* 1967 setzt mit der These, Hermeneutik könne die Anonymität des Sinn mitkonstituie-

Für unser besonderes Problem des Vertrauens ergibt sich aus dieser allgemeinen Diagnose die Vermutung eines Stilwandels auf dem Wege zu größerer, bewußter verarbeiteter Komplexität.
In einer Vorschau auf die folgenden Kapitel läßt diese Vermutung sich wie folgt skizzieren: Auf dem Boden der alltäglichen Weltvertrautheit ist Vertrauen zunächst personales (und damit begrenztes) Vertrauen. Es dient der Überbrückung eines Unsicherheitsmomentes im Verhalten anderer Menschen, das wie die Unvorhersehbarkeit der Änderungen eines Gegenstandes erlebt wird. In dem Maße, als der Bedarf für Komplexität wächst und der andere Mensch als alter ego, als Mitverursacher dieser Komplexität und ihrer Reduktion, in den Blick kommt, muß das Vertrauen erweitert werden und jene ursprünglich-fraglose Weltvertrautheit zurückdrängen, ohne sie doch je ganz ersetzen zu können. Es wandelt sich dabei in ein Systemvertrauen neuer Art, das einen bewußt riskierten Verzicht auf mögliche weitere Information, sowie bewährte Indifferenzen und laufende Erfolgskontrolle impliziert. Systemvertrauen läßt sich nicht nur auf soziale Systeme, sondern auch auf andere Menschen als personale Systeme anwenden. Diesem Wandel entspricht, wenn man auf die inneren Voraussetzungen des Vertrauenserweises achtet, ein Übergehen von primär emotionalen zu primär darstellungsgebundenen Vertrauensgrundlagen.

4. Vertrauen als Reduktion von Komplexität

Wir können das Problem des Vertrauens nunmehr bestimmter fassen als Problem der *riskanten Vorleistung*[1]. Die Welt ist zu unkontrollierbarer Komplexität auseinandergezogen, so daß andere Menschen zu jedem beliebigen Zeitpunkt sehr verschiedene Hand-

---

renden alter ego aufheben, der Soziologie ähnliche Ziele, läßt aber nicht erkennen, wie die *Leistung* der Anonymität, allem bestimmten Sinnerleben Hintergrundsicherung zu geben, anders erbracht werden könnte. Solange wir aber Anonymität nicht ersetzen, transzendentale Vertrautheit nicht in transzendentales Vertrauen überführen können, können wir auch nicht auf sie verzichten.

[1] Der wichtigste Berühungspunkt, den wir mit der ethischen Analyse des Vertrauens durch *Rudolf Schottländer* feststellen können, liegt hier. Auch *Schottländer* 1957, S. 28 ff., betont das Moment des „Einsatzes" beim Vertrauen. Vgl. ferner *M. Deutsch* 1958, S. 265 f., der ebenfalls den aktuellen Motivationswert einer Verhaltensvorhersage zur Grundlage seines Vertrauensbegriffes macht. In der Psychologie wird demgegenüber

lungen frei wählen können. Ich aber muß hier und jetzt handeln. Der Augenblick, in dem ich sehen kann, was andere tun und mich sehend darauf einstellen kann, ist kurz. In ihm allein ist wenig Komplexität zu erfassen und abzuarbeiten, also wenig Rationalität zu gewinnen. Es ergäben sich mehr Chancen für komplexere Rationalität, wenn ich auf ein bestimmtes künftiges (bzw. gleichzeitiges oder vergangenes, für mich aber erst künftig feststellbares) Handeln anderer vertrauen möchte. Wenn ich das Vertrauen haben kann, am Gewinn beteiligt zu werden, kann ich mich auf Formen der Kooperation einlassen, die sich nicht sofort und nicht in meinem unmittelbaren Zugriffsbereich bezahlt machen[2]. Wenn ich mich darauf verlasse, daß andere mit mir abgestimmt handeln oder unterlassen, kann ich mein eigenes Interesse selbst rationaler verfolgen, zum Beispiel im Straßenverkehr zügiger fahren[3].

Ein Fall von Vertrauen liegt nur dann vor, wenn die vertrauensvolle Erwartung bei einer Entscheidung den Ausschlag gibt — andernfalls handelt es sich um eine bloße Hoffnung. Wenn eine Mutter ihr Kind für den Abend einem Babysitter überläßt, hat sie manche nebenherlaufende Hoffnungen: daß alles gut abläuft, daß das Mädchen nett zu dem Baby ist, es nicht beim Einschlafen durch zu laute Radiomusik stört usw. Ihr Vertrauen erstreckt sich nur auf Geschehnisse, bei deren Eintritt sie ihren Entschluß bereuen würde, überhaupt ausgegangen zu sein und das Kind jemand anderem anvertraut zu haben. Vertrauen bezieht sich also stets auf eine kritische Alternative, in der der Schaden beim Vertrauensbruch größer sein kann als der Vorteil, der aus dem Vertrauenserweis gezogen wird. Der Vertrauende macht sich mithin

---

nicht selten ein sehr viel weiterer und unbestimmterer Vertrauensbegriff vertreten, dessen Operationalisierung noch nicht recht gelungen ist. Siehe z. B. die Ausführungen von *J. S. Bruner*, *J. J. Goodnow* und *G. A. Austin* 1956, S. 225 ff. im Anschluß an die Definition: „Confidence" is essentially the degree of sureness a person feels in making a categorization (226). Dabei wird weder zwischen Vertrautheit und Vertrauen noch zwischen Vertrauen und Wahrscheinlichkeitsrechnung unterschieden.

[2] Siehe dazu das Experiment von *M. Deutsch* 1960 a; ferner *Zand* 1972.

[3] Vgl. auch das in der Spieltheorie diskutierte Beispiel zweier Gefangener, die sich jeder durch Geständnis mit Belastung des anderen eine Strafmilderung erkaufen könnten und ohne Geständnis nur wegen eines geringeren Deliktes überführt werden können. Rational wäre hier bei Vertrauen das Schweigen, bei Mißtrauen das Geständnis. Siehe dazu: *D. R. Luce* und *H. Raiffa* 1957, S. 94 ff.; *A. Rapoport* 1960, S. 173 ff.; *A. Rapaport* und *A. M. Chammah* 1965 und das diesem Fall nachgebildete Experiment von *M. Deutsch* 1958. Für das Beispiel ist im übrigen bezeichnend — und insofern verzeichnet es die Realität —, daß Kommunikationsmöglichkeit als solche bereits genügen würde, um Vertrauen herzustellen. Die Bedeutung von Kommunikation zeigt für den Fall wechselseitiger Interdependenz das Experiment von *J. Loomis* 1959. Zur näheren Begründung vgl. unten S. 46.

an der Möglichkeit übergroßen Schadens die Selektivität des Handelns anderer bewußt und stellt sich ihr. Der Hoffende faßt trotz Unsicherheit einfach Zuversicht. Vertrauen reflektiert Kontingenz, Hoffnung eliminiert Kontingenz.

Andererseits setzen wir nicht voraus, daß das Risiko und die Gründe des Vertrauens vor dem Verhalten rational abgewogen werden. Vertrauen kann auch unbedacht, leichtsinnig, routinemäßig erwiesen werden und erfordert insbesondere dann keinen unnötigen Bewußtseinsaufwand, wenn die Erwartungen nahezu sicher sind. Wer sich unbewaffnet unter Mitmenschen begibt, vertraut ihnen, ohne heutzutage ernstlich die Alternative zu erwägen, ein Schwert oder eine Pistole mit sich herumzuschleppen. Vertrauen geht stufenlos über in Kontinuitätserwartungen, die ohne Reflexion wie feste Gleitschienen dem täglichen Erleben zugrundegelegt werden. Aber nicht alle Erwartungen dieser Art involvieren Vertrauen, vielmehr nur Verhaltenserwartungen, und auch da nur solche, auf die hin man sich mit eigenem Handeln engagiert und bei deren Enttäuschung man das eigene Verhalten bereuen würde.

Ob vertrauensvolles Handeln in der rückblickenden Endbewertung richtig war, hängt also davon ab, ob das Vertrauen honoriert oder gebrochen wird. Bei rein objektiver, zeitloser Betrachtungsweise, wie sie in den wirtschaftswissenschaftlichen Entscheidungstheorien vorherrscht, muß es deshalb so erscheinen, als ob es sich hier nur um eine Art von Unsicherheitsfaktor neben anderen handele, dessen Wahrscheinlichkeit größenmäßig abzuschätzen und zu verrechnen wäre. Dabei wird jedoch nicht ausreichend berücksichtigt, daß es nicht genügt, die Zeit gleichsam durch Diskontierung der Erwartungssicherheit in Rechnung zu stellen. Im Entscheidungszeitpunkt steht jenes Wissen dem Entscheidenden nicht, zumeist auch nicht in Form bestimmter Wahrscheinlichkeitsziffern, zu Verfügung[4]. Man kann deshalb nur sagen, daß es einen wesentlichen Unterschied in der erreichbar erscheinenden Rationalität des Handelns ausmacht, ob der Handelnde vertraut oder nicht.

In den beiden genannten Beispielen: kooperatives Handeln und koordiniert ablaufendes Einzelhandeln, erschließt Vertrauen durch Reduktion von Komplexität Handlungsmöglichkeiten, die ohne

---

[4] Im übrigen stimmt skeptisch, daß eine überzeugende, von der individuellen Risikobereitschaft unabhängige Weise der Verrechnung oder Ineinanderfächerung von Wahrscheinlichkeitsgrößen und Nutzengrößen bisher nicht gefunden worden ist — ein symptomatischer Mangel, den die gängige Formulierung von der Maximierung des erwarteten Nutzens geschickt verdeckt. Vgl. dazu *H. Koch* 1960. Die Verrechnung eines Risikos gegen besonders hohe Gewinnchancen ist überdies eine Art Kalkulation wie eine Wette oder ein Spiel gegen die Natur, bei der sich das Vertrauensproblem im eigentlichen Sinne gar nicht stellt. So auch *M. Deutsch* 1960 a, S. 124 f. und ders. 1958, S. 266.

Vertrauen unwahrscheinlich und unattraktiv geblieben, also nicht zum Zuge gekommen wären. Dabei liegen der Gewinn und die Rationalität des vertrauensvollen Handelns — das zeigen besonders die Beispiele der beiden Gefangenen bzw. des Straßenverkehrs — nicht so sehr in der sicheren Beherrschung langer Handlungsketten oder weitläufiger Kausalzusammenhänge, obwohl auch dies durch Vertrauen zustandekommen kann, sondern zunächst und vor allem in einem Aufschwung zur *Indifferenz*: Man schließt durch Vertrauen gewisse Entwicklungsmöglichkeiten von der Berücksichtigung aus. Man neutralisiert gewisse Gefahren, die nicht ausgeräumt werden können, die aber das Handeln nicht irritieren sollen.

Ein anderes Beispiel für Komplexitätsreduktion durch Vertrauen gewinnt in einer zunehmend organisierten Sozialstruktur an Bedeutung. Trotz aller Bemühungen um Organisation und rationale Planung kann nicht alles Handeln durch sichere Voraussicht seiner Wirkungen geleitet sein. Es bleiben Unsicherheiten zu absorbieren, und es muß Rollen geben, denen diese Aufgabe in besonderem Maße obliegt. Solche Rollen, etwa die des Politikers oder die des leitenden Managers, werden typisch nicht durch Standards, sondern am Erfolg kontrolliert, eben weil das richtige Handeln nicht im voraus genau genug erkannt werden kann. Erfolg aber stellt sich erst nach dem Handeln ein — oder nicht ein. Man muß sich jedoch vorher engagieren. Dieses Zeitproblem überbrückt das Vertrauen, das als Vorschuß auf den Erfolg im voraus auf Zeit und auf Widerruf gewährt wird, zum Beispiel durch Einsetzung von Personen in Ämter, durch Kapitalkredit usw.[5]. Das Komplexitätsproblem wird auf diese Weise verteilt und dadurch verkleinert: Einer vertraut dem anderen vorläufig, daß er unübersichtliche Lagen erfolgreich meistern wird, also Komplexität reduziert, und der andere hat auf Grund solchen Vertrauens größere Chancen, tatsächlich erfolgreich zu sein.

Reduktion in diesem Sinne ist keine Deduktion. Sie gleicht eher der Induktion. Vertrauen ist letztlich immer unbegründbar; es kommt durch Überziehen der vorhandenen Information zustande; es ist, wie *Simmel*[6] notierte, eine Mischung aus Wissen und Nichtwissen. Obwohl der Vertrauende um Gründe nicht verlegen sein wird und anzugeben vermag, weshalb er in diesem oder jenem Falle Vertrauen schenkt, dienen diese Gründe mehr seiner Selbstachtung und seiner sozialen Rechtfertigung. Sie verhindern, daß er vor sich selbst und vor anderen als Tor, als unerfahrener, lebensuntüchtiger Mann dasteht, wenn sein Vertrauen mißbraucht

[5] Zu diesem Zusammenspiel von Erfolgskriterien und Vertrauen finden sich treffende Bemerkungen bei *D. Braybrooke* 1964, insb. S. 542 ff. Siehe ferner *G. Vickers* 1965, S. 180 und passim.

[6] *G. Simmel* 1922, S. 263 f.

wird[7]. Sie tragen allenfalls die Placierung des Vertrauens, nicht aber das Vertrauen selbst. Vertrauen bleibt ein Wagnis.

Bei solchem Hinausgehen über die Tatsachen wird eine relative Unabhängigkeit von spezifischen Vorerfahrungen, von bestimmten Vertrauensgrundlagen erreicht — etwas, was man in der Theorie des Lernens als „Generalisierung" bezeichnet[8]. Vertrauensurteile verallgemeinern Erfahrungen, dehnen sich auf andere, jedoch „ähnliche" Fälle aus und stabilisieren in dem Maße, als sie sich bewähren, eine Indifferenz gegen Unterschiede. An diesem Vorgang der Generalisierung von Erwartungen durch Vertrauen sind mindestens drei Aspekte für unsere weiteren Überlegungen bedeutsam: Er involviert eine *Teilverlagerung der Problematik von „außen" nach „innen"*, einen Vorgang des *Lernens* und eine *symbolische Fixierung* des Ergebnisses in der Umwelt.

Generalisierung überhaupt und Vertrauensbildung im besonderen setzen als Träger der Leistung Systeme voraus, die selbst hinreichend komplex sind, um gewisse Umweltverhältnisse durch interne Prozesse wiedergeben zu können. Natürlich ist kein System in der Lage, die wirkliche Welt mit all ihrer unfaßbaren Komplexität in der Vorstellung zu wiederholen, also zu verdoppeln. In diese Annahme hatte sich der transzendentale Idealismus verrannt, weil er „das Subjekt" oder „das Bewußtsein" zum Partner der Welt abstrahierte, es damit auf die gleiche Komplexitätsstufe brachte, also das Komplexitätsgefälle zwischen Wirklichkeit und Vorstellung, zwischen Welt und Intention, zwischen „außen" und „innen" übersah und so an der Funktion des Vorstellens als Herstellung von Ordnung durch Komplexitätsreduktion vorbeigriff.

Tatsächlich arbeiten alle internen Prozesse — und gerade darin besteht der Sinn der Differenz zwischen „innen" und „außen" — mit verminderter Komplexität und weisen dadurch weniger Möglichkeiten, also mehr Ordnung auf als ihre Umwelt. Sie arbeiten selektiv, indem sie für das System relevante Verhältnisse zwischen Umweltdaten als Information aufnehmen und verarbeiten. Dabei setzen sie die innere Ordnung der Datenverarbeitung an die Stelle der ursprünglich amorphen Umweltkomplexität und die Innenprobleme dienen dem System als normale Arbeitsgrundlage für seine Umweltanpassung.

Im Falle des Vertrauens nimmt diese Komplexitätsreduktion durch Subjektivierung besondere Formen an. Sie können beschrie-

---

[7] Zu den in solchen Situationen enttäuschten Vertrauens auftretenden Problemen der Selbstdarstellung und den notwendigen sozialen Hilfestellungen vgl. unten S. 90 ff.

[8] Dem Begriff liegen umfangreiche Forschungen der behavioristischen Psychologie zugrunde. Einen Überblick in deutscher Sprache vermitteln *F. J. Stendenbach* 1963, insb. S. 90 ff., oder *K. Eyferth* 1964 a, S. 103—110, bzw. 1964 b, insb. S. 357—360.

ben werden als Veränderungen des Niveaus, auf dem Unsicherheit absorbiert bzw. tragbar gemacht wird. Das System setzt innere Sicherheit an die Stelle äußerer Sicherheit[9] und steigert dadurch seine Unsicherheitstoleranz in externen Beziehungen. Die Problematik des Komplexitätsgefälles zur Umwelt verlagert sich dadurch zum Teil in die Sekundärprobleme dieser inneren Sicherheit.

Innere Sicherheit kann auf zwei verschiedene, genau entgegengesetzte Weisen zustande kommen — und darin liegt ein hohes Maß an Garantie dafür, daß die Entstehung von Vertrauen trotz sehr unterschiedlicher Systemverfassung immer wieder ziemlich zuverlässig erwartet werden kann. Sie kann einmal darauf beruhen, daß das Vertrauensobjekt für die innere Struktur der Erlebnisverarbeitung eine unentbehrliche Funktion erfüllt und eine Erschütterung des Vertrauens sehr weitreichende Folgen für das Selbstvertrauen haben würde. Diese Möglichkeit wird dann als Vorstellung nicht zugelassen, weil das zu weitgehenden internen Umdispositionen führen müßte, für die dem System Zeit, Kraft oder Umweltbestätigungen fehlen. Oder die Sicherheit des Vertrauens beruht gerade umgekehrt auf starker innerer Differenzierung des Systems, die bewirkt, daß der Ausfall des Vertrauensobjektes nur partielle und isolierbare Schäden stiften kann und das Vertrauensobjekt durch Substitution funktionaler Äquivalente ersetzbar ist. In beiden Fällen wird das Vertrauen primär durch seine Funktionen für die systeminterne Ordnung der Informationsverarbeitung und nicht unmittelbar durch Umweltgarantien getragen. Die innere Ordnung der Erlebnisverarbeitung tritt so an die Stelle einer umweltbezogenen Begründung der „Richtigkeit" der Komplexitätsreduktion.

Diese Innenfundierung des Vertrauens macht einen bestimmten Stil der vertrauensvollen Einstellung zum Gegenstand wahrscheinlich, und zwar bezieht dieser Stil sich auf das Vertrauensproblem überhaupt, kommt also in gleicher Weise bei Vertrauen wie bei Mißtrauen zum Zuge. In die Begriffsprache der Parsonsschen „pattern variables" übersetzt[10], würden Vertrauen und Mißtrauen als Einstellungen *affektiv*[11] (nicht neutral) und *diffus* (nicht spe-

---

[9] Vgl. hierzu auch treffende Bemerkungen von *D. Claessens* 1962, S. 91 f., zur Entstehung von Vertrauen in einem Prozeß der generalisierenden Selbstentlastung durch innere Gewißheit. Erst diese innere Gewißheit macht es möglich, Distanzen und Abwesenheiten im engeren Sozialsystem der Familie zu ertragen.

[10] Zu deren theoretischer Ausarbeitung vgl. namentlich *T. Parsons, R. F. Bales* und *E. A. Shils* 1953 und *T. Parsons* 1960.

[11] Es fehlt in der *Parsonsschen* Theorie eine Möglichkeit der Differenzierung zwischen Gefühl und Willen. Der Ausdruck affektiv muß daher so verstanden werden, daß er beides umfaßt und sowohl primär emotionale als auch primär willentliche Vertrauenshaltungen einschließt.

zifisch), und in der Art, wie ihr Objekt gegeben ist, *partikular* (nicht universalistisch) und auf *Eigenschaften* (nicht auf Leistungen) ausgerichtet sein. Vertrauen bezieht sich danach unabhängig von spezifischen eigenen Interessen und Erlebniszusammenhängen auf einen Gegenstand ohne Rücksicht auf den jeweiligen Sachzusammenhang, in dem er relevant wird. Als typisches Beispiel kann das Vertrauen in eine bestimmte Person gelten, das immer aktuell wird, wenn der Vertrauende diese konkrete Person trifft, ungeachtet der jeweiligen Rollenzusammenhänge. Aber auch Vertrauen in abstraktere Leistungsgefüge, etwa in den Wert des Geldes, setzt als Vertrauen (im Unterschied zu Erfahrungswissen) eine solche konkrete Vergegenständlichung voraus. Nur durch deren Vermittlung ist jene Art von symbolischer Kontrolle des Vertrauens zu erreichen, auf die wir sogleich zu sprechen kommen werden. Vertrauen ist daher eine weder objektiv noch subjektiv, weder auf andere Gegenstände noch auf andere Vertrauende übertragbare Einstellung.

Als Einstellung dieses Stils muß Vertrauen — und auch darin zeigt sich, daß es sich nicht einfach um eine mechanische Konsequenz von Umwelteindrücken handelt — ebenso wie eine Generalisierung anderer Art *gelernt* werden. Die grundlegenden Voraussetzungen dieses Lernvorganges werden im Kleinkind geschaffen. In der Familie findet das erste Vertrauen seine erste Bewährung in einer Umwelt, die durch soziale Institutionen und durch besondere Vertrauensleistungen der Familienmitglieder weitgehend entkompliziert ist[12]. Natürlich ist der Lernvorgang damit nicht abgeschlossen. Neue Situationen und neue Menschen stellen das ganze Leben hindurch immer wieder neue Vertrauensprobleme. Die Formen der Anbahnung von Liebesbeziehungen, überhaupt alle Arten der persönlichen Annäherung und Vertiefung von Bekanntschaften, können als Erproben und Lernen von Vertrauensbeziehungen gedeutet werden. Differenzierte und mobile Sozialordnungen stellen hier besonders hohe Anforderungen, die nur erfüllt werden können, wenn nicht nur das Vertrauen, sondern auch das Lernen des Vertrauens gelernt werden kann — was der Familie einen Teil ihrer Sozialisierungsfunktionen nimmt. Und außerdem wird man mit der Vermutung nicht fehlgehen, daß auch Sozialsysteme Vertrauen lernen müssen.

Unser Verständnis dieses Lernvorganges ist noch recht unvollkommen. Vermutlich geht es nicht nur darum, einfache Umwelterfahrungen zu generalisieren, situationsspezifische Erfahrungen mit Vertrauen, das nicht enttäuscht wurde, zu übertragen und zu verallgemeinern. Denn einmal ist es eine fragwürdige Hypothese, Anfangserfahrungen als spezifisch anzusehen, und außerdem vermag diese Auffassung, wie überhaupt die behavioristische Lerntheorie,

[12] Vgl. hierzu namentlich *D. Claessens* 1962, S. 88 ff.

nicht zu erklären, wie es zur Generalisierung kommt, wie das Kind dazu kommt, gute Erfahrungen mit Vertrauen von der Mutter auf den Vater, die Geschwister und schließlich auf Fremde zu übertragen. Man wird vielmehr davon ausgehen müssen, daß der Lernvorgang durch Erfahrungen des Lernenden mit sich selbst vermittelt, durch die sich entwickelnde (ebenfalls gelernte) Identität des Lernenden gesteuert wird.

Wenn das Kind in der Differenz von Ich und Du sein eigenes Selbst konstitutiert hat, muß es sein erstes, nahezu unmotiviertes Vertrauen verlernen und eine Art des Vertrauens finden, die dieser Differenzierung Rechnung trägt. Die Trennung von Ich und Du wird durch den Lernvorgang nicht ins Extrem absoluter Verschiedenheit getrieben. Vielmehr bleibt das Du „anderes Ich". Der Lernende schließt von sich auf andere zurück und ist dadurch in der Lage, seine Erfahrungen mit anderen zu verallgemeinern[13]. Weil er sich selbst bereit fühlt, fremdes Vertrauen zu honorieren, kann er auch anderen Vertrauen schenken[14].

Die prekäre Natur des Vertrauens findet schließlich in der Art und Weise Ausdruck, wie es in die Umwelt rückprojiziert wird. Menschen und soziale Einrichtungen, denen man vertraut, werden dadurch zu *Symbolkomplexen*, die besonders störempfindlich sind und gleichsam jedes Ereignis unter dem Gesichtspunkt der Vertrauensfrage registrieren. Im Umkreis des Vertrauensproblems bekommt dadurch alles Geschehen eine symptomatische Relevanz. Einzelereignisse gewinnen wie Stichproben ausschlaggebende Bedeutung für das Ganze: Eine Lüge kann das gesamte Vertrauen zerstören, und gerade die kleinen Mißgriffe und Darstellungsfehler entlarven durch ihren Symbolwert oft mit unerbittlicher Schärfe den „wahren Charakter". In dieser Zerbrechlichkeit des Vertrauens spiegelt sich die Zwangslage der Generalisierung, jene Spannung, die sich ergibt, wenn es *unvermeidlich* ist, sich ein *vereinfachtes* Umweltbild zu machen.

Ein gutes Beispiel hierfür bietet eine Schilderung der Beziehungen zwischen Kongreßmitgliedern und Verwaltungsangehörigen bei der Vorbereitung des amerikanischen Bundeshaushalts[15]. Die Wirklichkeit der Staatsverwaltung ist viel zu komplex, als daß Kongreßmitglieder sie überblicken und bewerten könnten. Sie kommen ohne Vertrauen in die persönliche Aufrichtigkeit der die

---

[13] Vgl. dazu *G. H. Mead* 1934 der den gegenläufigen Aspekt des Lernens eines eigenen Selbst durch Erfahrungen mit anderen betont. Es handelt sich dabei um komplementäre Aspekte eines einheitlichen Vorganges.

[14] Vgl. dazu die Hypothese einer statistischen Korrelation von Vertrauensbereitschaft und Vertrauenswürdigkeit bei *M. Deutsch* 1958, S. 278 f., die diese Interpretationen des Lernvorganges unterstützt. Kritisch dazu *L. L. Roos* 1966.

[15] Siehe *A. Wildavsky* 1964.

Details beherrschenden Verwaltungsangehörigen nicht aus. Die Abgeordneten kontrollieren daher praktisch nicht die Fakten, sondern ihr Vertrauen, und nur mittelbar dadurch die Fakten. Und sie reagieren in dieser Zwangslage auf das leiseste Zeichen einer Unredlichkeit mit emotionaler Schärfe durch Vertrauensentzug und andere Sanktionen.

Wer vertraut, muß nämlich seine eigene Risikobereitschaft unter Kontrolle halten. Er muß, und sei es nur zur Selbstvergewisserung, sich klar machen, daß er nicht bedingungslos vertraut, sondern in Grenzen und nach Maßgabe bestimmter, vernünftiger Erwartungen. Er muß sich selbst in seinem Vertrauen zügeln und kontrollieren. Das ist Teil der Motivstruktur, die das Vertrauen ermöglicht, und geschieht dadurch, daß er sich sein Objekt mit Hilfe von Symbolen der Vertrauenswürdigkeit nahebringt.

Art und Richtung der Empfindlichkeit des Vertrauens gegen symbolisch vermittelte Störungen können natürlich von Fall zu Fall variieren. Das Prinzip aber bleibt dasselbe: Vertrauen wird, weil die Wirklichkeit für eine reale Kontrolle zu komplex ist, mit Hilfe symbolischer Implikationen kontrolliert, und dazu dient ein grob vereinfachtes Gerüst von Indizien, die nach Art einer Rückkopplungsschleife laufend Informationen darüber zurückmelden, ob die Fortsetzung des Vertrauens gerechtfertigt ist oder nicht.

Nicht jede Information gefährdet oder zerstört dabei das Vertrauen. Die Vertrauensperson genießt einen gewissen Kredit, in dessen Rahmen auch ungünstige Erfahrungen zurechtinterpretiert oder absorbiert werden können. Sie wird, wie wir im einzelnen bei der Abgrenzung von Vertrauen und Mißtrauen (Kap. 10) erörtern werden, durch Schwellen kontrolliert, die ihr Verhalten nicht überschreiten darf, ohne daß ihr das Vertrauen entzogen wird. Kontrolle durch Schwellen unterscheidet sich in Stil, Technik und Elastizität wesentlich von der Kontrolle durch bestimmte Zwecke, Normen oder Werte[16]. Sie kann mit einfacheren Mitteln höhere Komplexität tolerieren, setzt aber voraus, daß die Schwellen, also die vertrauenskritischen Verhaltensweisen, hinreichend klar definiert und bekannt sind.

Für die Funktionsweise dieser symbolischen Kontrolle ist es im übrigen bezeichnend, daß sie undiskutiert und im Unbestimmten abläuft. Sie erfolgt zumeist in Rückschlüssen, die nicht mitgeteilt werden, die deshalb auch nicht festlegen und nicht gerechtfertigt zu werden brauchen. Eine sehr genaue Artikulation von Gründen und Gesichtspunkten ist daher weder beim Vertrauenserweis noch beim Vertrauensentzug angemessen[17]. Auch für den, der Vertrauen sucht, ist sie nicht erforderlich; sie kann sogar

---

[16] Einen Hinweis darauf gibt auch *G. Vickers* 1965, S. 34.
[17] Das betont auch *H. Hauke* 1956, S. 52 f.

leicht zum Störfaktor werden, ja Mißtrauen auslösen. Denn es widerspricht der Funktion und dem Stil des Vertrauens, detaillierte Fakteninformationen und fachliche Beweise zu fordern oder anzubieten, wenngleich die Möglichkeit einer solchen Erläuterung andeutungsweise anklingen sollte. Der Sachverständige kann dem Politiker mit seinen Gründen gerade dann gefährlich werden, wenn er in die gleiche Richtung argumentiert. Je mehr Gründe der Politiker sich verschafft, desto entbehrlicher wird das Vertrauen in ihn, desto gleichgültiger wird es, *wer* das Programm ausführt. Oder die Massierung der Gründe verrät, wenn die Vertrauensfrage trotzdem aktuell bleibt, eine Unsicherheit, die den Entzug des Vertrauens heraufbeschwört.

Alle drei Strukturkomponenten der Vertrauensbeziehung (Substitution einer Innenordnung und ihrer Problematik für eine komplexere Außenordnung und deren Problematik, Lernbedürftigkeit und symbolische Kontrolle) bestätigen unsere Vermutung, daß es beim Vertrauen um Reduktion von Komplexität geht, und zwar speziell um jene Komplexität, die durch die Freiheit des anderen Menschen in die Welt kommt. Vertrauen hat eine Funktion für die Erfassung und Reduktion dieser Komplexität.

Funktionale Feststellungen nach diesem Muster „A hat eine Funktion für B" sehen wie Erkenntnisse aus und verleiten leicht dazu, Untersuchungen mit ihnen abzuschließen. Nichts wäre gefährlicher. Ihr Erkenntniswert ergibt sich erst aus ihrem Zusammenhang mit ähnlich gebauten anderen Sätzen. So zeigt sich auch bei genauerem Zusehen, daß der Begriff des Vertrauens keineswegs eine handfeste Problemlösung angibt, die man nur ins Werk zu setzen hätte, um das Problem aus der Welt zu schaffen. Eher handelt es sich um eine Ersatzformel für das Ursprungsproblem der Komplexität. Vertrauen ist und bleibt ebenfalls ein Problem. Komplexität ist ein nichthintergehbares Risiko. Angesichts der Unvermeidlichkeit des Risikos wird die Form, die es annimmt, entscheidend. Als Risiko des Vertrauens können Systeme es in den meisten Fällen leichter tragen. Aber es bleibt zu fragen, unter welchen Bedingungen und mit welchen weiteren Folgeproblemen.

5. Überzogene Information und Sanktionsmöglichkeiten

Vertrauen beruht auf Täuschung. Eigentlich ist nicht so viel Information gegeben, wie man braucht, um erfolgssicher handeln zu können. Über die fehlende Information setzt der Handelnde sich willentlich hinweg. Im vorigen Kapitel haben wir skizziert, wie das geschieht: durch Teilverlagerung der Problematik von außen nach innen und durch ihre Abarbeitung mit den internen Mitteln des Lernens und der symbolischen Kontrolle. Man kann diese Erkenntnis mit Hilfe der allgemeinen kybernetischen Systemtheorie, die sowohl für personale als auch für soziale Handlungssysteme (und im übrigen auch für Organismen und Maschinen) zu gelten beansprucht, auf eine abstrakte Formel bringen:
Die objektive Welt hat eine größere Komplexität als das System; sie enthält mehr Möglichkeiten, als im System selbst vorgesehen sind und verwirklicht werden können. Das System weist in diesem Sinne einen höheren Grad an Ordnung auf (weniger Möglichkeiten, geringere Varietät) als die Welt. Dieses Ordnungsgefälle wird, wie bereits dargelegt, vom System her durch einen „subjektiven" Weltentwurf ausgeglichen. Das heißt, das System interpretiert die Welt selektiv, überzieht die Information, die es erhält, reduziert die äußerste Komplexität der Welt auf einen Umfang, an dem es sich sinnvoll orientieren kann, und gewinnt dadurch erst strukturierte Möglichkeiten eigenen Erlebens und Verhaltens. Die Reduktion kann intersubjektiv übereinstimmend erfolgen und führt dann zu Erkenntnissen, die sozial garantiert sind und deshalb als „wahr" erlebt werden[1]. Sie kann auch durch jene internen Prozesse des Systems garantiert werden, die wir im Kapitel über Vertrauensbereitschaft näher erörtern werden. In diesem Falle ersetzt das System externe Information durch interne Information bzw. durch strukturierende Prämissen der eigenen Erlebnisverarbeitung, die es gelernt hat. Man kann eine solche Substitution interner für externe Erlebnisgrundlagen mit *Karl Deutsch*[2] als „Wille" bezeichnen. Vertrauen ist in diesem Sinne eine Willensleistung.

[1] Die methodischen Standards, welche die Objektivität der positiven Wissenschaften garantieren, vor allem die Reduktion auf einfache Wahrnehmungen und auf Erkenntnisse, die mit nachvollziehbaren Operationen gewonnen werden können, haben letztlich den Sinn, diese intersubjektive Übertragbarkeit des Wissens zu gewährleisten. Sie dienen dazu, die soziale Komplexität, die Verschiedenartigkeit der individuellen Subjekte und ihrer Weltperspektiven, aus dem Bereich wahrheitsfähiger Erkenntnis auszuschalten. Insofern dienen auch sie der gleichen Funktion wie das Vertrauen: der Reduktion sozialer Komplexität.
[2] Vgl. *K. W. Deutsch* 1963, S. 105 ff. Vgl. auch den ähnlichen Begriff der „Autonomie" bei *J. S. Kidd* 1962.

Damit ist nicht gesagt, daß diese Leistung ohne jeden Zusammenhang mit der Umwelt, also in jeder Umwelt in gleicher Weise, erbracht werden könnte. Vielmehr sind die Strukturen der Umwelt, vor allem die der Sozialordnung, durchaus von Bedeutung für die Frage, ob und in welcher Form Vertrauen gedeihen kann. Wir müssen nun etwas genauer zusehen, unter welchen sichernden Umständen jene Selbstvergewisserung, jene Ergänzung von Information durch Willen, stattfinden kann.

Sie kann — extreme Fälle sind denkbar — rein internen Bedingungen folgen und führt dann zu einer Art pathologischem Vertrauen ohne Rücksicht auf Partner, Situation und Umstände. Im allgemeinen sucht der Vertrauende, jedoch in seinem subjektiven Weltentwurf objektive Anhaltspunkte dafür, ob Vertrauen gerechtfertigt ist oder nicht. Ohne jede vorherige Information kann man kaum vertrauen. Vertrauen ist überzogene Information, beruht also darauf, daß der Vertrauende sich in gewissen Grundzügen schon auskennt, schon informiert ist, wenn auch nicht dicht genug, nicht vollständig, nicht zuverlässig.

Anhaltspunkte für Vertrauensbildung eliminieren das Risiko nicht, sie verkleinern es nur. Sie geben keine vollständige Information über das zu erwartende Verhalten der Vertrauensperson. Sie dienen nur als Sprungbasis für den Absprung in eine immerhin begrenzte und strukturierte Ungewißheit. Es ist daher nicht anzunehmen, daß die empirische Forschung streng gesetzliche Beziehungen zwischen Vertrauensbasen als Ursachen und Vertrauenserweisen als Wirkungen entdecken wird; aber statistische Korrelationen sind zu vermuten[3], weil man davon ausgehen kann, daß im Schnitt eher Vertrauen gewährt wird, wenn gewisse Voraussetzungen erfüllt sind: Solchen Voraussetzungen gilt dieses Kapitel.
In welcher allgemeinen Richtung wird man Anhaltspunkte der Vertrauensbildung suchen?

Ohne Zweifel ist die Vertrautheit der Vertrauensperson ein wesentlicher Faktor. Dem Vertrauten traut man eher als dem Fremden. Aber man sollte diesen Gesichtspunkt auch nicht überschätzen. Zumeist kommt es bei enger Vertrautheit gar nicht dazu, daß das Vertrauensproblem zum Thema besonderer Überlegungen wird. Wenn dies aber der Fall ist, wird die Vertrautheit in ihrer fraglosen Selbstverständlichkeit durch die Reflexion gebrochen. Eine Kluft voll Unbekanntheit tut sich auf — gerade auch gegenüber dem Nächsten, den der Zweifel in eine überraschende Fremd-

---

[3] Als einen ersten Vorstoß in diese Richtung vgl. *M. Deutsch* 1958. Siehe auch die allgemeine Feststellung bei *R. L. Kahn, D. M. Wolfe, R. P. Quinn* und *D. J. Snoek* 1964, S. 90, daß Unklarheit und Vieldeutigkeit der Situation Vertrauensbeziehungen gefährden. Vgl. ferner Kap. 11, Anm. 14.

heit entrückt. Dann sucht man nach anderen Vertrauensgrundlagen, die der Überlegung standhalten.

Wer vor der Vertrauensfrage steht und das künftige Handeln seines Partners nicht kennen kann, kann sich stattdessen die Motivationsstruktur überlegen. Einerseits wird ihm erheblich erscheinen, welche Gewinn- und Verlustrechnung sein Partner im Falle des Vertrauens aufsetzen kann. Würde ein Vertrauensbruch ihm besonders große, verlockende Vorteile bieten? Zum anderen ist die eigene Möglichkeit, das künftige Schicksal seines Partners beeinflussen zu können (einschließlich der „Kosten" einer solchen Einflußnahme), von Bedeutung[3a]. Dabei kann der eigene Einfluß, mit dem der Partner rechnen muß, dessen Gewinn- und Verlustrechnung modifizieren. Insofern ist dies der vorwiegende Gesichtspunkt. Durch künftigen Einfluß kann der Vertrauende einen Vertrauensbruch sanktionieren, und er kann, wenn diese Möglichkeit sich vorhersehbar abzeichnet, damit rechnen, daß auch sein Partner mit ihr rechnet, wenn er einen Vertrauensbruch überlegt, und daß diese Rechnung ihn davon abhält. Die Rechtsordnung, die für bestimmte Erwartungen und Sanktionsmöglichkeiten hohe Sicherheit gewährt, ist eine unentbehrliche Grundlage für jede langfristige Überlegung dieser Art und entlastet damit das Risiko der Vertrauensgewähr[4].

Nur in sehr einfachen Sozialsystemen, die kaum eigene Strukturprobleme haben und so klein sind, daß alle Teilnehmer miteinander vertraut sind, ist jedoch eine annähernde Kongruenz von Recht und Vertrauen möglich. In solchen Systemen wird Vertrauen erwartet, und Mißtrauen wird zum Affront, zum Verstoß gegen Regeln des Zusammenlebens und damit gegen das Recht des Systems; und umgekehrt wird der Bruch geforderten und erwiesenen Vertrauens als Unrecht sanktioniert. Der Mißtrauische kann unter solchen Umständen seinen Gefühlen und Befürchtungen nicht Ausdruck geben, ohne sich sozial zu isolieren. Das bedeutet, daß er vom elementaren Recht dieses Systems her auf den Weg sozialtypischen Vertrauens gelotst wird. Vielleicht liegt diese Art Vertrauen überhaupt aller Rechtsbildung, zum Beispiel der Entstehung der Rechtsform des Vertrages zugrunde. Jedenfalls lassen sich in einfachen Systemen Recht und Vertrauen als Mechanismen nicht trennen.

In allen stärker differenzierten, komplexeren Sozialordnungen wird dagegen eine Trennung von Recht und Vertrauen unumgäng-

---

[3a] Experimentell belegt bei *M. Deutsch* 1958; *L. Solomon* 1960 und, speziell auf Sanktionsmöglichkeiten zugeschnitten, *G. Evans* 1964.

[4] Nur diese *Entlastung* kann gemeint sein, wenn gelegentlich die Formulierung benutzt wird, daß das Recht Vertrauen *ersetze* — so von *F. Darmstädter* 1948, Sp. 433 f.

lich: Die Risiken werden individualisiert, der Vertrauenserweis unterliegt nicht mehr in gleicher Intensität sozialer Forderung und Kontrolle, dem Vertrauensbrecher müssen Ausreden, müssen Entschuldigungsgründe zugebilligt werden. Vor allem auf der Ebene der Gesellschaft sind die Rechtstatbestände und -normen nun viel zu differenziert, und Vertrauen ist ein viel zu allgemeines, diffuses soziales Erfordernis, als daß beides sich zur Deckung bringen ließe. Recht und Vertrauen trennen sich schließlich auch in ihren Motivationsgrundlagen. Die Rechtsbefolgung kann durch die Gesellschaft nur noch indirekt und unpersönlich motiviert und mit Hilfe eines „letzten Mittels", nämlich physischer Gewalt, sichergestellt werden. Vertrauen beruht dagegen auf andersartigen Motivquellen, wie persönlicher Risikobereitschaft oder konkreter Bewährung. In dem Maße, als die Sozialordnung selbst sich differenziert und komplexer wird, vergrößert sie die Zahl der Möglichkeiten des Erlebens und Handelns, die sie zuläßt. Sie muß dann auch die Mechanismen der Reduktion von Komplexität diffenzieren, spezifischer ausgestalten und effektiver einsetzen. Im Hinblick auf die Sozialprobleme, die dann zu lösen sind, ist eine volle Übereinstimmung von Recht und Vertrauen nicht mehr rational.

Besonders im Rechtsinstitut des durch bloße Willenserklärungen zustandegekommenen Vertrags wird das Vertrauensprinzip juristisch-griffig reformuliert und so verselbständigt, daß es weder als Tatbestand noch als Geltungsgrundlage eine Rolle mehr spielt. Ansprüche können direkt auf Vertrag gegründet werden, und es macht dafür keinen Unterschied aus, ob jemand und wer im Einzelfall vorgeleistet hat. Das Vertrauen in Verträge erfordert nämlich gerade, daß die Abwicklung der Verträge unabhängig gemacht wird von einer Prüfung der Frage, ob und wer wem faktisch vertraut hatte.

Die Differenzierung von Recht und Vertrauen läßt sich auch an der juristischen Dogmatik ablesen. Wie sehr das Recht überhaupt Vertrauenstatbeständen entwachsen ist, ist ihm heute nicht mehr anzumerken, wird zumindest in der juristischen Begrifflichkeit nicht adäquat widergespiegelt. Zwar gibt es zahlreiche Rechtsinstitute, die unter dem Begriff des „Vertrauensschutzes" zusammengefaßt werden. Dabei handelt es sich jedoch um sehr verschiedenartige, getrennt entwickelte und erst spät dogmatisierte Einzeltatbestände wie zum Beispiel Vertrauen auf „Rechtsschein" begründende Fakten wie Besitz oder Urkunden; Vertrauen in die Aufrichtigkeit und Vollständigkeit einer Darstellung bei Vertragsabschluß im Rahmen des Üblichen; Vertrauen, daß verliehene Rechtsmacht, zum Beispiel eine Vollmacht, nicht mißbraucht wird, und umgekehrt Vertrauen, daß eine Vollmacht tatsächlich durch entsprechende Vertretungsmacht gedeckt ist; Vertrauen in die Richtigkeit von Auskünften und umgekehrt in das Unterbleiben von Indiskretionen; Vertrauen in die Fortgewährung von öffentlichen Leistungen oder Erlaubnissen, die durch Verwaltungakt bewilligt worden sind, und anderes mehr[5]. Die Zusammenfassung dieser Rechtsgedanken unter dem Gesichtspunkt des Vertrauensschutzes hat etwas Unabgeschlossenes, Zufälliges und daher Unbefriedigendes an sich. Die Figuren der Rechtsdogmatik, die sich ausschließlich auf Vertrauen berufen, sind teils durch Nachkonstruktion älterer Rechtsgedanken entstanden, teils handelt es sich um Spätankömmlinge in einer schon konsolidierten Rechtssphäre, die sich gegen die vorhandenen Begriffe und Prinzipien mit einem neuen, ethisch fundierten Argument, eben „Vertrauensschutz", durchsetzen mußten. Daher muß die Rechtsordnung sich in der Anwendung des Vertrauensprinzips Selbstbeschränkungen auferlegen, um nicht besser ausformulierte konstruktive Errungenschaften zu gefährden. Oder es kommt zu undisziplinierten Auswüchsen: zu überflüssigen Parallelkonstruktionen, zu undifferenzierten Begründungen und vor allem zu einem Unterlaufen der Gewaltenteilung durch die Justiz beim Schutz des Vertrauens auf gesetzwidrig geschaffene Tatbestände. Diese Differenzierung von Vertrauen, Recht und rechtsförmig einklagbarem Vertrauensschutz ist das Ergebnis einer langen Entwicklung und verdeckt den Blick auf den Ursprung. In Wahrheit fundiert der Vertrauensgedanke das gesamte Recht, das gesamte Sicheinlassen auf andere Menschen, so wie umgekehrt Vertrauenserweise nur auf Grund einer Risikominderung durch das Recht zustandekommen können.

Und doch ist dieser Zustand der Rechtsdogmatik kein nur historisch bedingter Zufall, sondern zeigt die inzwischen gewonnene Distanz des Rechts vom Vertrauensgedanken, die Differenzierung beider Mechanismen an. Diese Differenzierung erfordert, daß Vertrauen und Recht weitgehend *unabhängig* voneinander operieren und nur noch durch mehr *allgemeine* Bedingungen ihrer Möglichkeit verknüpft und dann *nach Bedarf* in wichtigen Einzelfragen koordiniert werden. Das läßt sich nicht nur für das Recht, sondern ebenso für das Vertrauen feststellen. Auch hier zeigt sich bei genauerem Hinsehen, daß sich Vertrauen nicht auf Vertrauen in das Recht und seine Sanktionsmöglichkeiten reduzieren läßt.

Wir hatten zwar gesehen, daß die Rechtslage und die Sanktionsmöglichkeiten im Falle des Vertrauensbruchs bei der Vertrauensentscheidung eine gewisse Hilfe bieten. Sie ermöglichen eine Voraussicht der Bedingungen, unter denen der, dem vertraut wird,

[5] Einen umfassenden Überblick über privatrechtliche Tatbestände vermittelt jetzt *C.-W. Canaris* 1971, der die Besonderheit des Vertrauensschutzes vor allem gegen die Haftung auf Grund Rechtsgeschäfts abgrenzt. Vgl. ferner *H. Eichler* 1950; *K.-H. Lenz* 1968; *G. von Craushaar* 1969; und speziell für das öffentliche Recht *J. Mainka* 1963; *F. Ossenbühl* 1972.

sich vernünftigerweise entscheiden wird. Ob jedoch der Partner seinen Vorteil wirklich rechts- und sanktionsbezogen durchkalkuliert, ist dafür nicht entscheidend. Das Argument beruht nicht direkt auf dieser Rechnung, sondern auf ihrer Vorwegnahme durch den Vertrauenden. Sie entfaltet ihre Wirkung im stillen — ohne die Beziehung durch Sanktionsdrohungen zu vergiften und dadurch das entstehende Vertrauen abzutöten. Der Vertrauende mag seinem Partner, der noch nicht oder überhaupt nicht an Vertrauensbruch denkt, mit einer solchen Unterstellung Unrecht tun; oder vielleicht auch mit der Annahme fehlgreifen, daß der Partner sich durch Sanktionsaussichten einschüchtern lassen könnte. Deshalb kann die Rechnung nicht gemeinsam durchgeführt, nicht zum Gegenstand von Kommunikationen zwischen den Partnern gemacht werden. Es ist für die Struktur der Vertrauensbeziehung entscheidend, daß sie latent bleibt und lediglich als Sicherheitsüberlegung im Verborgenen ihre generalisierende Wirkung entfaltet. Im offenen Verhalten muß der Vertrauende sich „ganz vertrauensvoll“ darstellen; sonst sät er selbst den ersten Samen, aus dem später wechselseitiges Mißtrauen keimt, und führt das herbei, was er vermeiden möchte. Deshalb ist die Eventualrechnung auch weitgehend unabhängig von der tatsächlichen Motivationsstruktur, also auch von Informationen über die tatsächliche Motivationsstruktur, und gerade durch diese vereinfachte Form, durch Reduktion auf den „Fall der Fälle“, vermag sie Sicherheit zu gewähren und die weitere Reduktion von Komplexität durch Vertrauenserweis einzuleiten.

Diese Delikatesse menschlicher Beziehungen, dieser Darstellungstakt, diese Feinfühligkeit des Verhaltens — Fanatiker einer Wahrheitsethik könnten sogar von Täuschung oder Betrug reden — müssen vorausgesetzt werden, wenn man sich weiter überlegt, wie objektive Strukturen dadurch, daß sie wechselseitige Sanktionschancen eröffnen, sich in Vertrauen umsetzen lassen. Durch Ankündigung von Sanktionen kann künstlich eine Interdependenz von Bedürfnissen geschaffen werden, die zuvor nicht bestand oder doch nicht sichtbar war. Das gilt besonders für Drohung mit negativen Sanktionen, aber auch für ein bedingtes Inaussichtstellen erfreulicher Gaben oder Hilfeleistungen, mit denen der Partner nicht rechnen konnte. Künstliche Interdependenzen dieser Art setzen, eben weil sie nicht erwartet werden können, ausdrückliche Kommunikationen voraus und bringen damit die Beziehung, wie eben dargelegt, in ein vertrauensungünstiges Klima.

Anders ist die Lage, wenn solche Interdependenzen schon bestehen, wenn sie als bekannt vorausgesetzt werden können, wenn die Beteiligten zusammen in einem ihnen vertrauten System leben, über das nicht weiter geredet zu werden braucht, das vielmehr stillschweigend als alltägliche Verständnisgrundlage alle Kommunikation trägt. Dann wissen die Beteiligten, daß sie einander wiederbegegnen werden, und daß sie unter nicht genau vorhersehbaren Umständen, die mal den einen, mal den anderen begünstigen, voneinander abhängig sein werden. Und sie wissen, daß auch ihre Partner die Situation so einschätzen.

In sozialen Zusammenhängen, die so strukturiert sind, nämlich durch relative Dauer der Beziehung, wechselnde Abhängigkeiten und ein Moment der Unvorhersehbarkeit ausgezeichnet sind, findet man einen günstigen Nährboden für Vertrauensbeziehungen. Es herrscht das Gesetz des Wiedersehens. Die Beteiligten müssen einander immer wieder in die Augen blicken können. Das erschwert Vertrauensbrüche — jedenfalls solche, die man weder verstecken noch dem anderen gegenüber mit guten Gründen vertreten kann. Es scheint mithin, daß soziale Systeme, die durch ihre Struktur interner Interdependenzen in besonderem Maße auf wechselseitiges Vertrauen angewiesen sind, zugleich auch bessere Voraussetzungen für die Entstehung von Vertrauen schaffen. Sanktionsmöglichkeiten haben nämlich nicht nur im Rahmen hierarchischer Beziehungen, sondern auch unter Gleichen einen generalisierenden Effekt: Sie stabilisieren die Interaktion durch Antizipation extremer Möglichkeiten.

Neben diesem manifesten Aspekt der Sanktionsmöglichkeiten, Motive zu strukturieren und damit Ungewißheiten zu verkleinern, haben sie noch eine latente Funktion, die für die Vertrauensbildung wesentlich ist: Sie strukturieren zugleich die Zurechnung der Schuld und damit das Risiko sozialer Blamage und Verurteilung. Die Verteilung sozial gebilligter Sanktionsmöglichkeiten sagt zugleich etwas darüber aus, auf wessen Seite im Falle des Vertrauensbruches unbeteiligte Dritte stehen werden, ob und wie sehr sie den Vertrauensbrecher für schuldig oder den Vertrauenden für naiv oder töricht halten werden. Gibt der Vertrauende unbedacht Sanktionsmöglichkeiten aus der Hand, entgleitet ihm damit auch die Möglichkeit, die Schuldzurechnung zu seinen Gunsten zu lenken, und die Vorwürfe wenden sich dann gegen ihn selbst. Wenn ich einen Unbekannten bitte, meine goldene Uhr zur Reparatur zu bringen, verliere ich nicht nur die Uhr, sondern auch soziales Ansehen, wenn er das Vertrauen bricht. Anders ist es, wenn ich beim Brand meines Hauses Unbekannte bitte, beim Räumen zu helfen und diese mir Gegenstände entwenden. Im allgemeinen läßt sich eine über das geschriebene Recht weit hinausgehende, ziemlich feinfühlige, differenzierende und doch voraussehbare Moral der Schuldzurechnung beobachten, deren Urteil vor allem danach variiert, ob die Situationskontrolle notwendig oder leichtsinnig aus der Hand gegeben wurde. Die Typizität und Voraussehbarkeit solcher Schuldzurechnungen ist ebenfalls eine wesentliche Hilfe bei der Vertrauensentscheidung, ermöglicht sie es dem Vertrauenden

doch, vorauszusehen, ob er nur den Schaden oder auch den Spott dazu riskiert.
Wenn wir diese Hypothesen in das Licht des Informationsproblems rücken, mit dem wir dieses Kapitel eingeleitet haben, läßt sich ihnen ein weiterer Aspekt abgewinnen. Das Informationsproblem, das dem Bedarf für Vertrauen zugrundeliegt, kann in direktem Zugriff nicht gelöst werden. Man kann sich über künftiges Verhalten anderer nicht vollständig und nicht zuverlässig informieren. Aber man kann diese Problematik in einen anderen Bereich verlagern, in dem sie besser bewältigt werden kann. Man unterrichtet sich stattdessen über gewisse strukturelle Eigenarten des sozialen Systems, in dem man mit anderen zusammenlebt, und gewinnt dadurch die notwendigen Anhaltspunkte für eine Vertrauensbildung, mit der man den Informationsmangel überbrückt. Wie in so vielen funktionalen Zusammenhängen erspart auch hier Struktur Information.

6. Persönliches Vertrauen

Dem Chaos kann man nicht vertrauen. Wenn nichts miteinander verbunden ist oder alles mit allem, gibt es keine Möglichkeiten der Generalisierung. Mit anderen Worten, ein einziges System allein kann weder generalisieren noch vertrauen. Solche Leistungen setzen eine Umwelt voraus, die schon Struktur hat, obgleich sie nicht jene Ordnungsdichte, jene Begrenztheit der Möglichkeiten aufweist wie das System selbst. Struktur der Umwelt aber heißt nichts anderes als Existenz anderer Systeme in der Umwelt.
Durch andere Systeme bestimmter Art, nämlich Menschen, kommt überhaupt erst jene Komplexitätserweiterung in die Welt, auf die das Vertrauen bezogen ist: die Freiheit des Handelns. Daher nimmt nicht wunder, daß Vertrauen zuerst und vor allem dem anderen Menschen geschenkt wird, indem man ihn als Persönlichkeit nimmt, als ordnendes und nicht willkürliches Zentrum eines Systems von Handlungen, mit dem man sich verständigen kann. Vertrauen ist dann die generalisierte Erwartung, daß der andere seine Freiheit, das unheimliche Potential seiner Handlungsmöglichkeiten, im Sinne seiner Persönlichkeit handhaben wird — oder genauer, im Sinne der Persönlichkeit, die er als die seine dargestellt und sozial sichtbar gemacht hat[1]. Vertrauenswürdig ist, wer bei dem bleibt,

[1] Als inneres Steuerungszentrum dieser Reduktion des Handlungspotentials auf das Maß der eigenen Persönlichkeit dient, wie ich in anderem

was er bewußt oder unbewußt über sich selbst mitgeteilt hat. Denn alles sozial einsehbare Handeln ist neben seinem unmittelbaren Sinnbezug auf Situation und Zweck zugleich Selbstdarstellung des Handelnden unter dem Gesichtspunkt seiner Vertrauenswürdigkeit. Mag der Handelnde diesen Gesichtspunkt im Auge haben oder nicht, darauf abzielen oder ihm bewußt zuwiderhandeln, die Vertrauensfrage schwebt über jeder Interaktion, und die Selbstdarstellung ist das Medium ihrer Entscheidung. Jeder Handelnde wird von seinen Zuschauern nicht nur als Kausalprozeß, als Verwandler von Ursachen in Wirkungen erlebt, sondern im Interesse einer generalisierenden Kontrolle dieses Prozesses zugleich als Symbolkomplex. Und er ahnt das, kennt die symbolischen Implikationen, den Ausdruckswert seines Tuns und Lassens zumeist viel besser als dessen Wirkungen und stellt mehr oder weniger bewußt sein Verhalten darauf ein[2]. Seine Motive mögen recht verschiedener Art sein. Es mag ihm darum gehen, vertrauenswürdig zu erscheinen. Er mag sich bemühen, sich selbst treu zu bleiben und so zu leben, daß er sich selbst achten kann. Er mag spontan, sachbezogen und insofern sozial naiv handeln, indem er seine Persönlichkeit als unbewußten Selektionsmechanismus funktionieren läßt[3]. In jedem Fall und unabhängig von der Vielfalt möglicher Motivationsstrukturen kommt ein ähnliches Ergebnis zustande — eine selektive Selbstdarstellung, die anderen Anhaltspunkte gibt für die Bildung von Vertrauen und für die Normierung von Kontinuitätserwartungen. Auch insofern ist die Bildung von Vertrauensgrundlagen in der Sozialordnung weitgehend unabhängig von den Schwankungen und Verschiedenheiten individueller Motive sichergestellt.

Da alle Kommunikation, ja jedes sichtbare Verhalten, etwas aussagt über den, der sich verhält, ist Kommunikation, ja schon das

---

Zusammenhang zu zeigen versucht habe, das Gewissen. Vgl. *N. Luhmann* 1965 a. Man könnte also auch sagen, daß es im Grunde das Funktionieren des Gewissens ist, worauf man vertraut. Das würde den zugleich individualisierenden und sozialisierenden Sinn des Gewissens deutlich machen.

[2] Vgl. hierzu namentlich *E. Goffman* 1959 und 1955.

[3] Solche sozial naive Spontaneität setzt natürlich ein hohes Maß von Vertrauen des Handelnden in seine Zuschauer voraus — wenn man so will: Vertrauen in ihr Vertrauen; und das ist nur bei dicht gewebtem sozialen Konsens möglich. Für Bemerkungen in dieser Richtung vgl. *T. Burns* 1953, insb. S. 661; *P. M. Blau* 1964, S. 60 ff. (insb. S. 75); *N. Luhmann* 1965 c, insb. S. 169 ff. und zu den besonderen Gefahren eines unreflektierten Aufgehens in der Situation *E. Goffman* 1957. Auch die soziometrische Forschung geht von diesem Grundgedanken aus und sucht Spontaneität durch konsens- und vertrauensstarke Gruppierungen zu fördern. Siehe z. B. *H. H. Jennings* 1950, insb. S. 320 f.

Gesehenwerden schlechthin, ein riskantes Unternehmen, das der Absicherung bedarf. Immer gibt der einzelne durch sein Verhalten mehr Aufschluß über sich selbst, als er mit seinem idealen Selbst abstimmen kann und bewußt mitteilen will. Schon das Erscheinen überhaupt setzt daher ein Mindestmaß an Vertrauen voraus, nämlich das Vertrauen, nicht fehlgedeutet zu werden, sondern im großen und ganzen so angenommen zu werden, wie man sich zu zeigen wünscht. Es gibt Menschen, die diese Vertrauensbedingung so stark erleben, daß ihnen schon das bloße Anwesendsein und erst recht alles Handeln in Gegenwart anderer Schwierigkeiten bereitet. Ihr Aktionsradius ist, mangels Vertrauen, entsprechend begrenzt. Ihre Unfähigkeit, Vertrauen zu erweisen, begrenzt dann auch ihre Möglichkeit, Vertrauen zu erwerben. Das Handlungspotential wächst in dem Maße, als das Vertrauen wächst — das Vertrauen in die eigene Selbstdarstellung und in die Fremdinterpretation der eigenen Selbstdarstellung. Mit diesem Vertrauen werden neuartige Verhaltensweisen möglich: Scherze, unvertraute Initiativen[4], Schroffheiten, abgekürzte Sprechweise, wohlplaciertes Schweigen, Wahl heikler Themen usw., durch deren Bewährung sich Vertrauenskapital ansammeln läßt.

Über die Chancen und Bedingungen, die taktischen Probleme und Gefahren der Selbstdarstellung regulieren sich mithin die Vertrauensgrundlagen einer Gesellschaft ein — jedenfalls was persönliches Vertrauen betrifft. Dieser Mechanismus transformiert sozialstrukturelle Bedingungen in Vertrauensquellen. Er kann daher nicht nur goffmanesk als persönliche Strategie erfaßt und verstanden werden. Die Systemreferenz der individuellen Persönlichkeit ist nur eine der möglichen Bezugsrichtungen funktionaler Analyse. Andererseits ist das strategische Moment eine unerläßliche Komponente des Gesamtzusammenhanges und das Ausmaß an bewußter oder gar durchschauter Funktionalisierung der Selbstdarstellungen, das Ausmaß an psychologischer Sensibilisierung und die Verbreitung der Bereitschaft zu taktvoller Kooperation an heiklen Selbstdarstellungen eine wesentliche Variable der Vertrauenslage einer Gesellschaft. Sie prägt den Stil, in dem persönliches Vertrauen geschaffen und erhalten werden kann.

Die Fülle der Erscheinungen, die in diesem Zusammenhang relevant werden, läßt sich hier nicht vorführen. Nicht einmal ein ordnender Überblick ist zu gewinnen. Einige exemplarische Kurzanalysen müssen genügen. Wir beschränken uns auf den Gesichtspunkt des Lernens und fragen unter Absehen von dem hinreichend erforschten Problemkreis der Kleinkindsozialisierung nach einigen

[4] Ein Beispiel dafür liefern die Feststellungen von *R. H. Guest* 1962, S. 82 ff., daß mit der Verbesserung des Vertrauensklimas eines Betriebes auch die Initiativen von unten zunahmen. Vgl. ferner *Zand* 1972.

der sozialen Bedingungen, die das Anbahnen von Vertrauensbeziehungen erleichtern.

Die Frage nach der Entstehung und Festigung persönlichen Vertrauens gibt uns die Möglichkeit, unser abstrakt formuliertes Problem der Komplexitätsreduktion in die Zeitdimension zu übersetzen und zu zeigen, wie es beim Aufbau von Vertrauensbeziehungen *schrittweise* gelöst werden muß. Das „Prinzip der kleinen Schritte"[5] ersetzt einfachere Formen der Umweltanpassung dort, wo auch die Umwelt kontingent handelt oder für Einmalanpassung zu komplex ist. Dafür braucht ein System Zeit.

Zu den Vorbedingungen gehört, daß die Situation überhaupt selektive Schritte im Sinne von Verhaltenswahlen erlaubt und nicht institutionell oder historisch schon festgelegt ist. Erste und grundlegende Voraussetzung für die Ausbildung von persönlichen Vertrauensbeziehungen ist daher, daß menschliches Handeln überhaupt als persönlich bedingtes Handeln sichtbar wird[6]. Vertrauen beruht auf der zugeschriebenen Motivation des Handelns. Das Handeln, auf dessen Erfahrung sich das Vertrauen stützt, muß als Ausdruck der Persönlichkeit erscheinen und sie bewähren. Ihr zugerechnet wird aber nur ein Handeln, das als „frei" institutionalisiert ist[7]. Freiheit im gleichsam vorsozialen Sinne einer unkontrollierbaren Handlungspotenz anderer Menschen ist Quelle des Bedarfs für Vertrauen; institutionalisierte Freiheit, nämlich Freiheit, die in die Sozialordnung eingefangen und dort gezähmt ist als Komplex von Handlungen oder Handlungsaspekten, für die man persönlich die Verantwortung trägt, ist Quelle der Lernbarkeit des Vertrauens. Damit Vertrauen entstehen kann und seine Funktion erfüllen kann, muß Freiheit aus der einen Form in die andere überführt werden.

Welche Handlungen oder Handlungsaspekte als Persönlichkeitsausdruck gewertet werden, ist weniger eine Frage der reinen Kausalität als eine Frage der sozialen Durchsichtigkeit, Normierung und Begrenzung des Kausalzusammenhanges. Über die Zurechnung entscheidet die soziale Erwartung. Die Institutionalisierung solcher Erwartungen aber ist ein selektiver, vereinfachender, das Seligierte verstärkender Prozeß. Das läßt sich an einigen Beispielen deutlich machen:

Nicht zugerechnet wird ein Handeln, das erkennbar auf Grund verbindlicher Weisung eines Vorgesetzten erfolgt (auch wenn die

---

[5] Hierzu allgemein *D. Claessens* 1970, S. 122 ff. Zur Anwendung auf Vertrauensbildung vgl. *M. Pilisuk* und *P. Skolnick* 1968.

[6] Vgl. *L. H. Strickland* 1958. *M. Deutsch* 1962, S. 304 ff. stellt auf „perceived intentions" ab.

[7] Zur Auffassung der Freiheit als Institutionalisierung einer Sphäre persönlich zurechenbaren Handelns (und nicht als Unterdeterminiertheit) vgl. *N. Luhmann* 1965 b, S. 63 ff.

Weisung durch Unterschrift unter den Entwurf des Untergebenen zustandegekommen ist). Untergebene müssen daher, wollen sie sich als vertrauenswürdig erweisen, in Emsigkeit, Gewissenhaftigkeit und loyaler Ausführungsbereitschaft nichtselbstverständliche Extreme anstreben. Und andererseits entspringt demselben Grund die entgegengesetzte Strategie: durch Aufstieg zu höheren Positionen einen Status zu erreichen, in dem man nach allgemeiner Ansicht persönlich sichtbar und frei entscheiden kann (auch wenn Apparat und Umwelt die Entscheidungen praktisch vorher festlegen)[8]. Überhaupt dienen Rollen und nicht Kausalgesetze im sozialen Leben als Grundlage für die Beurteilung eines Verhaltens als freiwillig bzw. absichtlich oder unfreiwillig bzw. unabsichtlich[9]. Relativ unpersönlich erscheint ferner ein technologisch komplex vermitteltes Wirken — und dazu zählt auch das Wirken über Vorgesetzte. Je mehr Ursachen erkennbar zusammenwirken, desto schwieriger gelingt die Isolierung des Urhebers. Wer verantwortet Hiroshima? Sehr deutlich zeigt sich in der Beurteilung des Verhaltens von Kraftfahrern eine Mischung komplex vermittelter Wirkungen, anerkannter Sachzwänge und persönlich zurechenbarer Verhaltensleistung. Ein beträchtliches, maschinell erzeugtes Tempo des Verkehrs gilt, obwohl an allem schuld, nicht als persönlich gewählt, sondern als normal. Unerwartete Reaktionen werden dagegen unter erheblichen Anforderungen an Aufmerksamkeit und Geschick persönlich zugerechnet. Normausführung ist in der Regel unauffällig und ausdrucksschwach und daher auch keine geeignete Grundlage für das Entstehen von Liebe und Vertrauen[10]. Welchen Vertrauensbeweis erbrächte jemand schon dadurch, daß er nie im Gefängnis saß? Abweichendes Verhalten, Initiative und Kritik werden dagegen persönlich zugerechnet und können sich daher nur entfalten, wenn die Sozialordnung zugleich Deckung gewährt; sie setzen Vertrauensbeziehungen voraus und stärken sie, indem sie sie benutzen. Tauschgeschäfte, die mit Hilfe des Zeitdifferenzen überbrückenden Geld- und Kreditwesens sofort in ihrer Erfüllung gesichert werden können, spiegeln zwar persönliche Interessen in der Güterwahl, nicht aber vertrauensrelevante Charakterzüge wider; anders Geschenke und dankespflichtige Wohltaten, die spontan erfolgen und das Risiko eingehen, unerwidert zu bleiben.

Ist eine relativ unvorbelastete, doppelkontingente Situation wech-

---

[8] Zur Wahrnehmungen verzerrenden, Zurechnungen leitenden Bedeutung der Hierarchie vgl. *J. W. Thibaut* und *H. W. Riecken* 1955; *E. E. Jones* und *J. W. Thibaut* 1958; *E. E. Jones, K. E. Davis* und *K. J. Gergen* 1961; *E. E. Jones, K. J. Gergen* und *R. C. Jones* 1963; *L. von Friedeburg* 1963, S. 113 ff.

[9] Vgl. dazu *R. H. Turner* 1962, insb. S. 28. Ferner grundsätzlich *F. Heider* 1944; ders. 1958.

[10] Siehe hierzu auch *E. Weigert* 1949, S. 304 f.

selbezogener Selektivität gegeben, kann ein Prozeß der Vertrauensbildung in Gang kommen, der das Problem der Komplexitätsreduktion auf mehrere Schritte verteilt, es also in Sequenzen auflöst[11]. Der Prozeß selbst hat einerseits Rahmenbedingungen, die ihn ermöglichen, und erfordert zum anderen Schritte wechselseitiger Selektivitätsverstärkung, die Vertrauen realisieren. Möglichkeitsbedingungen und Verwirklichungsbedingungen muß man, zumindest analytisch, auseinanderhalten.

Zunächst muß ein Anlaß gegeben sein, Vertrauen zu erweisen. Der Vertrauende muß eine Situation definieren, in der er auf seinen Partner angewiesen ist. Sonst kommt das Problem gar nicht auf. Er muß sich sodann in seinem Verhalten auf diese Situation einlassen und sich einem Vertrauensbruch aussetzen. Er muß, mit anderen Worten, das einbringen, was wir oben „riskante Vorleistung" genannt haben. Der Partner muß, als Rahmenbedingung, die Möglichkeit haben, das Vertrauen zu enttäuschen, und nicht nur die Möglichkeit, sondern auch ein gewichtiges Interesse daran[12]. Er darf nicht schon von sich aus, in eigenem Interesse, auf der Vertrauenslinie laufen[13]. Er muß sodann in seinem Verhalten das Vertrauen honorieren und sein anderes Interesse zurückstellen. Die Zurückstellung muß, um das Vertrauen bestätigen zu können, eine gewisse Faktizität erreichen — also sich als eine Art verpaßte Gelegenheit darstellen und nicht nur als ein vorläufiger Aufschub des Vertrauensbruchs. Dies zusammen wäre eine erste Sequenz der Vertrauensbildung. An ihr läßt sich ein wichtiges Ergebnis schon ablesen: daß der Prozeß einen *beiderseitigen Einsatz* erfordert und nur dadurch erprobt werden kann, daß beide Seiten sich auf ihn einlassen; und zwar in nichtumkehrbarer Reihenfolge: zuerst der Vertrauende und dann der, dem vertraut wird.

Wir haben bisher aber nur einen ersten Durchgang erfaßt und auch nur seinen äußeren Ablauf. Es kommen sowohl erkenntnismäßige als auch normative Aspekte hinzu, die nicht beliebig arrangiert sein können, sondern einer angebbaren Ordnung folgen. Es genügt nicht, daß der Prozeß so abläuft. Die Beteiligten müssen

---

[11] Theoretische Ausführungen zu dieser These und einen experimentellen Test bringt *R. L. Swinth* 1967. Vgl. ferner *M. Pilisuk* und *P. Skolnick* 1968. Für den Fall eines Tausches siehe auch *P. M. Blau* 1964, S. 91 ff., 107 f., 315, und für weitere Illustration *E. Goffman* 1969, S. 130 ff.

[12] *R. L. Swinth* 1967, S. 336 f., zeigt, daß diese Bedingung des Gegeninteresses ersetzbar ist. Vertrauen kann auch ohne Interesse am Vertrauensbruch zustandekommen, aber nur dadurch, daß *beide Seiten* sich gegenseitig Vertrauen erweisen, also unter Duplikation der sonstigen Bedingungen.

[13] Zu solchen Fällen von „untrusted credibility" siehe *E. Goffman* 1969, S. 105 ff.

wissen, daß dies alles sich so verhält, und sie müssen voneinander wissen, daß sie es wissen. Vertrauensbildung ist deshalb auf leicht interpretierbare Situationen angewiesen und nicht zuletzt deswegen auf Möglichkeiten der Kommunikation[14]. In manchen Fällen mag ein Rückschluß post factum genügen. Es mag auch sein, daß das Nichtwissen einzelner Aspekte nicht schadet, das heißt den Weg zum Vertrauen nicht blockiert. Das läßt sich ohne empirische Forschung schwer entscheiden. Jedenfalls dürfte der Prozeß bei Nichtkennen relevanter Umstände störanfälliger werden, selbst wenn das erforderliche Verhalten in den Anfangsphasen beigesteuert wird. Störanfälliger werden kann er übrigens auch durch zu viel Wissen, nämlich dann, wenn die Beteiligten auch noch wissen oder sich gegenseitig unterstellen, daß der Prozeß dem Aufbau von Vertrauen dient. Denn dann wird die Frage nach dem Wozu, die Frage nach dem Motiv unabweisbar, die sehr leicht in Mißtrauen umschlagen kann.

Zu diesen kognitiven Erfordernissen, die wir im einzelnen nur unscharf erfassen konnten, kommen schließlich solche normativer Art. Die Fragen nach einer Ethik des Vertrauens stellen wir bis zum 12. Kapitel zurück. Im gegenwärtigen Zusammenhang interessiert nur die Frage, ob und wie die Genesis von Vertrauen als Prozeß normiert werden kann. Dabei stoßen wir auf eine eigentümliche Schwierigkeit. Der Prozeß beginnt mit einer riskanten Vorleistung, die als Wagnis schlecht normiert werden kann, sondern eher dem Verhalten von Helden oder Heiligen ähnelt. Ebensowenig kann das Sicheinlassen auf einen Vertrauensbeweis normiert werden. In beiden Fällen würde die Normierung das Problem verlagern und das Vertrauen gar nicht erst entstehen lassen. Man kann Vertrauen nicht verlangen. Es will geschenkt und angenommen sein. Vertrauensbeziehungen lassen sich daher nicht durch Forderungen anbahnen, sondern nur durch Vorleistung — dadurch, daß der Initiator selbst Vertrauen schenkt oder eine zufällig sich bietende Gelegenheit benutzt, sich als vertrauenswürdig darzustellen (indem er zum Beispiel eine Fundsache abliefert). Für den Vertrauenden ist seine Verwundbarkeit das Instrument, mit dem er eine Vertrauensbeziehung in Gang bringt. Erst aus seinem eigenen Vertrauen ergibt sich für ihn die Möglichkeit, als eine Norm zu formulieren, daß sein Vertrauen nicht enttäuscht werde, und den anderen dadurch in seinen Bann zu ziehen. Und doch löst diese Nichtnormierbarkeit das Vertrauen nicht ganz aus der normativen Sphäre heraus.

---

[14] Die Erschwerung der Vertrauensbildung durch Ausschluß von Kommunikation kann als eines der gesicherten Ergebnisse der „Prisonner's Dilemma"-Experimente gelten. Vgl. oben S. 24, Anm. 3. Siehe ferner *J. Loomis* 1959; *H. Wichman* 1970.

Man kann diese eigentümliche Vorleistung mit normativen Konsequenzen mit einem alten Begriff als eine *supererogatorische Leistung* bezeichnen. Supererogatorisch ist eine Leistung, die, ohne einer Pflicht zu entsprechen, als Verdienst gewürdigt wird und Achtung einträgt. Trotz neuerer Bemühungen[15] ist ihr Verhältnis zur Pflicht logisch und analytisch noch nicht voll geklärt. Uns interessiert jedoch primär die genetische Funktion. Als Pendant zum Überziehen von Informationen, das wir oben erörtert haben, scheint es ein Überziehen von Normativität zu geben; eine Mehrleistung, die niemand einfordern kann, die dann aber doch, und gerade deshalb!, Ansprüche erzeugt — ähnlich wie Wohltaten einen Anspruch auf Dankbarkeit. Vertrauensbeziehungen werden nicht vorgeschrieben, sondern nachnormiert. Die Funktion des Supererogatorischen scheint mithin darin zu liegen, daß es *Entstehungsbedingungen in Erhaltungsbedingungen umformt.* Genau das wird für die Entstehung von Vertrauen benötigt.

Wenn supererogatorische Qualitäten als Erzeugungsregel für normierbare Ansprüche fungieren, können sie selbstverständlich nicht beliebig zugelassen werden; vielmehr nur dort, wo solche Ansprüche akzeptiert werden können. Hilfe und Dankbarkeit ist ein Fall, Vertrauen ein anderer. Freilich schließt solche Begrenzung nicht jeden Mißbrauch aus. Wie durch Geschenke kann man auch durch Vertrauenserweis fesseln[16]. Dagegen hilft nur die Möglichkeit, im Stadium des noch freiwilligen Charakters der Beziehung, also am Anfang, die Mitwirkung am Prozeß mehr oder weniger taktvoll zu versagen.

Wir sind nämlich noch am Anfang. Wir hatten eine typische Grundeinheit des Prozesses der Vertrauensbildung beschrieben. Normalerweise kommt sie mehrfach zum Zuge. Denn im ersten Durchlauf spielt man nicht hoch — weder mit großem eigenen Einsatz noch gegen starkes fremdes Interesse. Die beiden Beispiele des tauschenden und des gemeinsam abweichenden Verhaltens eignen sich gut dafür, um den sequentiellen Charakter des Gesamtprozesses mit seinen Problemen und Taktiken zu veranschaulichen.

Eine persönliche Beziehung auf der Basis wechselseitiger Wohltaten wird typisch mit klein dosierten Leistungen eröffnet. Es werden Nettigkeiten, Hilfeleistungen, kleine Gaben, die nichts kosten,

---

15 Vgl. *J. Feinberg* 1961/1970; *M. Stocker* 1968.

16 Daraus ergibt sich für manche Situationen der Rat, fremdem Vertrauen, dem man taktisch nicht gewachsen ist, nach Möglichkeit zu entschlüpfen. *Tirpitz* muß das erfahren haben, wenn er in seinen Memoiren die „leichte Ungnade“ als das günstigste Verhältnis zum Monarchen bestimmte. *A. von Tirpitz* 1920, S. 133. Siehe auch die Regeln über Vermeidung von Bekanntschaft, die *E. Goffman* 1963 a, S. 112 ff., zusammengetragen hat.

offeriert in einer Form, die für taktvolle Zurückweisung Raum läßt. Erst wenn die Freundlichkeiten erwidert werden, dankbare Anerkennung aufleuchtet und die Beziehung sich im Hin und Her bewährt hat, kann das Verhältnis vertieft werden. Sie trägt dann auch größere Gaben und auch ein langfristiges Ungleichgewicht, weil jeder dem anderen vertraut. In diesem Stadium der Entwicklung wird dann die sofortige und genau bemessene Erwiderung ein Zeichen des Mißtrauens, weil, wer sich so verhält, sich als jemand darstellt, der sich den Fesseln der Dankbarkeit so schnell wie möglich zu entziehen sucht. Das nimmt dem Geber die Gelegenheit, Vertrauen zu erweisen, und dem Beschenkten die Möglichkeit, sich in der Belastung durch dieses Vertrauen zu bewähren.

Eine ähnliche Anwärmung des Vertrauens mit noch delikateren Anforderungen an Feingefühl und Ausdrucksvorsicht läßt sich bei der Anbahnung illegaler oder nur halblegaler Beziehungen beobachten[17]. Bei der Einleitung von Spionageverbindungen, homosexuellen Beziehungen, im Rauschgifthandel, aber auch bei weniger aufregenden Affären wie dem Austausch von Indiskretionen zwischen Sekretärinnen oder bei der Einweisung von Neulingen in die Usancen des Arbeitsplatzes[18] muß zunächst eine Serie von Tests absolviert werden, die den Interessenten noch nicht bloßstellen, ihm zum Beispiel einen entrüsteten Rückzug unter dem Schirm der Norm oder die Aufklärung eines harmlosen Mißverständnisses erlauben. Erst wenn der Geprüfte sich zu bewähren scheint — und dazu muß er selbst Gegentests durchführen oder sich gar so weit auf die Beziehungen einlassen, daß er gegebenenfalls mitschuldig wird — kann der wahre Charakter der Beziehung langsam verdeutlicht werden. Ist das wechselseitige Vertrauen einmal stabilisiert, wäre es auch hier eine grobe Taktlosigkeit, wenn nicht ein alles zerstörender Fehler, wollte einer der Beteiligten in das Lernstadium zurückfallen und die dort sinnvollen Vorsichtsstrategien anwenden.

---

[17] Vgl. hierzu auch Bemerkungen von *G. Simmel* 1922, S. 284 ff., über das Vertrauenlernen in Geheimgesellschaften. Sehr mit Recht stellt *Simmel* heraus, daß gerade die kontinuierliche, immer wieder erneuerungsbedürftige Vertrauensproblematik in Geheimgesellschaften zu einem starken sozialen Bindemittel wird. Das gleiche gilt für unser zuvor behandeltes Beispiel: den freien Tausch von Wohltaten.

[18] Hierzu findet man in der organisationssoziologischen Literatur viele beiläufige Hinweise. Etwas ausführlicher z. B. *P. M. Blau* 1960; *N. E. Long* 1962; *W. M. Evan* 1963. Der Fall des Neulings eignet sich im übrigen besonders gut zur Institutionalisierung von „Schwellen" des Vertrauens (dazu näher Kap. 10), die z. B. durch ein Einführungsritual markiert sein können. Siehe als ein Beispiel *M. Janowitz* 1960, S. 128 ff. über „initiation techniques" im amerikanischen Militär, besonders auf der Akademie von West Point.

Es ist klar, können wir nunmehr verallgemeinern, daß Lernvorgänge dieser Art sich nur vollziehen, wenn der, dem vertraut werden soll, Gelegenheiten zum Vertrauensbruch bekommt — und nicht nutzt[19]. Dies Risiko ist aus dem Lernen nicht wegzudenken. Es kann aber auf kleine Schritte verteilt und dadurch minimiert werden. Zwei Einschränkungen dieser allgemeinen Regel müssen jedoch angefügt werden.

Man darf nicht unterstellen, daß Vertrauen im Lernprozeß kontinuierlich wachsen und sich bruchlos auf immer wichtigere, folgenreichere Angelegenheiten ausdehnen kann. Insofern ist die experimentelle Forschung der Sozialpsychologie, bei der es immer nur um minimale, spielerische Risiken geht, eine schlechte Grundlage für Verallgemeinerungen[20]. Die Veränderung dessen, was auf dem Spiel steht, und die Veränderung der Balance von erwartetem Vorteil und möglichem Verlust, baut Schwellen in den Lernprozeß ein, die qualitativ differenzieren. Ein Beispiel dafür ist der Fall, daß der Vertrauende nicht nur für sich selbst, sondern auch für andere, für seine Familie, seinen Betrieb, seine Nation, etwas riskiert. In dem Maße, als das der Fall ist, kommen Erfordernisse der Konsensbildung und der Regelung von Verantwortung hinzu.

Der zweite Gesichtspunkt bezieht sich auf die Kehrseite der Voraussetzungen von Vertrauensbildung: daß in völlig risikofreien Rollenbeziehungen, wenn die Beteiligten zum Beispiel durch Mitgliedschaft in Organisationen gegen alle persönlichen Konsequenzen abgeschirmt sind, sich kaum Ansatzpunkte für die Entwicklung und Stabilisierung persönlichen Vertrauens bieten. Sogar das persönliche Sichkennenlernen hat dann enge Grenzen[21]. Auch dann ist Vertrauen als Lebensführungsgrundlage unentbehrlich, aber es nimmt nicht primär die Form persönlichen Vertrauens an. Es scheint, daß persönliches Vertrauen sich nur dort bildet, wo es gebraucht wird. Das ist der Fall — und ist durchaus auch heute noch der Fall —, wenn die individuelle Persönlichkeit sozialstrukturelle Relevanz bekommt, wenn sie Interaktionszusammenhänge im sozialen System vermittelt, die nur durch sie so vermittelt werden können und nach ihrem Ausscheiden umstrukturiert werden müssen.

---

[19] Deshalb ist Mißtrauen, wie auch das Experiment von *L. H. Strickland* 1958 für den Fall strenger Aufsicht gezeigt hat, eine schlechte Basis für das Lernen von Vertrauen. Wer mißtrauisch ist, strukturiert seine Wahrnehmungssituation so, daß er Akte, die einen Handelnden als vertrauenswürdig erscheinen lassen könnten, gar nicht diesem selbst, sondern anderen Gründen (z. B. seinen eigenen mißtrauischen Vorkehrungen) zurechnet.

[20] Das deutet auch *S. Epstein* an in seinen Bemerkungen zu *M. Deutsch* 1962, S. 319 f. Vgl. ferner *Wrightsman* 1966.

[21] Siehe dazu näher *N. Luhmann* 1964, S. 355 ff.

Ebenso typisch sind für die moderne Gesellschaft Grenzfälle persönlichen Vertrauens, die nicht auf der Ebene organisierter Großsysteme, sondern in den einfachen Kontaktsystemen des täglichen Lebens vorkommen, die häufig kurz, mit wechselnden Teilnehmern, unpersönlich, ohne Wiederholungsaussicht und gleichwohl nicht selten mit beträchtlichen Risiken ablaufen. Ein gutes Beispiel bieten die Risiken und Vertrauensprobleme einer Taxifahrt[22]. Mangels Zeit und mangels Vorgeschichte sind die Beteiligten auf hochstandardisierte „Tests" der Normalität der Situation angewiesen — und auf eine hinreichend normalisierte Umwelt, die ihr Risiko zwar hoch, aber unwahrscheinlich erscheinen läßt. Bemerkenswert ist daran vor allem, daß ein Zusammenbruch dieser Umweltprämisse nicht durch Vertrauensbildung im Kleinsystem selbst aufgefangen werden könnte, sondern allenfalls durch Reorganisation des Zugangs zum Taxi.
Wie weit, in welchen Sozialsystemen und in welchen Funktionen persönliches Vertrauen heute noch benötigt wird, wäre ein Thema für umfangreiche empirische Untersuchungen. Solche Forschungen würden vermutlich sehr rasch zeigen, daß das Bedürfnis, sich an der Eigenart von Personen zu orientieren, in allen Bereichen des Soziallebens, wo es überhaupt zu wiederholten Kontakten kommt, nach wie vor sehr stark ist[23], und daß die Sage von dem Massenmenschen auf eine optische Täuschung zurückgeht. Andererseits ist gar kein Zweifel, daß die moderne Sozialordnung differenzierter Gesellschaften viel zu komplex ist, als daß mit solch einer Orientierung an Personen allein das lebensnotwendige soziale Vertrauen geschaffen werden könnte; ist doch allzu offensichtlich, daß die Sozialordnung nicht mit den wenigen Personen, die man kennen und denen man vertrauen kann, steht und fällt. Es muß andere, nicht über das Persönliche geleitete Formen der Vertrauensbildung geben. Aber welche?

7. Medien der Kommunikation und Systemvertrauen

Über das Vertrauen in bestimmte andere Menschen hinausgehende Sicherheit der Lebensführung wurde in einfachen Sozialordnungen, wenn überhaupt, durch religiös fundierte Annahmen über wahres Sein, Natur und Übernatur, durch Mythos, Sprache und

---

[22] Vgl. *G. M. Henslin* 1968.
[23] Dies gilt sogar für die angeblich so unpersönlich arbeitenden Großbürokratien. Vgl. dazu *N. Luhmann* 1962.

Naturrecht erreicht. Das heißt, rechte Ordnung wurde als normativ gegeben und vertraut vorausgesetzt. Insoweit war die Welt menschlicher Disposition entzogen, ihre Komplexität als schon reduziert vorausgesetzt. Unpersönliche Formen des Vertrauens waren nicht erforderlich. Wo eine Vermittlung und Deutung dieser Weltordnung nötig war, nahm sie den Weg über die Autorität von Göttern, Heiligen oder wissenden Interpreten, denen wie einer Person vertraut wurde.

Differenzierte Sozialordnungen steigern demgegenüber ihre Kapazität der Problemverarbeitung und vermögen deshalb die Welt komplexer zu sehen[1]. Eine sehr komplexe möglichkeitsreiche und gleichwohl bestimmte oder doch bestimmbare Welt läßt sich nur konstituieren und im Blick halten, wenn und soweit die daraus resultierende Last der Selektion von Erleben und Handeln in sozialen Systemen geregelt und verteilt werden kann. Die Kapazität des Einzelnen ist beschränkt und ist nur begrenzt steigerbar. Hohe Komplexität der Welt setzt deshalb eine Vielzahl selektiver Prozesse voraus, also Zusammenhänge zwischen den Selektionen des einen und des anderen. Und sie kann eine simultan-präsente Welt nur gewährleisten, wenn Selektion nicht nur als Abfolge eigener Schritte, sondern auch als simultan-präsente oder doch gegenwärtig erinnerbare bzw. erwartbare Selektivität anderer vorgestellt werden kann. In diesem Sinne gibt es *Konstitutionszusammenhänge zwischen der Komplexität der Welt einerseits und den sozial geregelten Prozessen der Differenzierung und Verbindung einer Vielzahl von Selektionsleistungen andererseits.*

Mit dem Begriff der generalisierten Kommunikationsmedien wollen wir auf dieses Problem zielen und Zusatzeinrichtungen zur Umgangssprache bezeichnen, nämlich symbolisch generalisierte Selektionscodes, deren Funktion es ist, die intersubjektive Übertragbarkeit von Selektionsleistungen über mehr oder weniger lange Ketten hinweg zu sichern. Wahrheit, Liebe, Macht, Geld[2] sind prominente, evolutionär erfolgreiche Beispiele dafür[3]. Durch Generalisierung solcher Medien werden Erwartungsstrukturen und Motivationsmuster gebildet, die es ermöglichen, daß die Selektion des einen für den nächsten relevant wird in dem Sinne, daß er sie

---

[1] Vgl. hierzu grundsätzliche Bemerkungen bei *H. M. Schroder* und *O. J. Harvey* 1963 (für soziale Systeme); *O. J. Harvey* und *H. M. Schroder* 1963 (für personale Systeme).

[2] Eine kurze Skizze ihres Zusammenhangs findet sich in *J. Habermas/N. Luhmann* 1971, S. 344 ff.

[3] Vgl. hierzu *Parsons'* Theorie der „generalized mechanism" wie Geld, Macht, Einfluß und Selbstbindung (commitment). Siehe *T. Parsons* und *N. J. Smelser* 1956, S. 70 ff.; *T. Parsons* 1959 a, S. 16 ff.; ders. 1963 a, speziell S. 47 ff. über Vertrauen; ders. 1963 b; ders. 1968. In einer deutschen Übersetzung *T. Parsons* 1964 a werden diese „mechanism" als „Steuerungssprachen" bezeichnet.

nicht ignoriert und sie auch nicht als offene Frage behandelt, sondern sein eigenes selektives Verhalten mit einer Folgethematik anschließt.

Die zunehmende Differenzierung und Ausarbeitung solcher Medien, die kulturelle Legitimation von zunehmend voraussetzungsvollen Formen und ihre Abstützung in ausdifferenzierten Sozialsystemen wie politischem Staat, Wissenschaft oder Wirtschaft gewinnen eine weittragende Bedeutung für die Evolution des Gesellschaftssystems, vor allem für die Entstehung der neuzeitlichen Gesellschaft und ihres überdimensionierten Welthorizontes. Das kann hier nicht im einzelnen nachgewiesen werden. Uns interessiert speziell, daß sich damit zugleich in angebbarer Weise die Bedingungen verändern, unter denen Vertrauen zur Voraussetzung normalrationaler Lebensführung wird. In dem Maße, wie die Welt komplexer und zugleich durch kontingente Prozesse bestimmbar wird, und in dem Maße, wie die bewußte Aufnahme dieser Veränderung ihre Effektivität verstärkt, zerfällt die alte Einheit der normierenden Natur oder wird auf extrem formale Entscheidungsprämissen zurückgedrängt. Der Sprung von allgemein-gemeinsamen Glaubensannahmen zu persönlichem Vertrauen vermag die immer größer werdende Kluft und die zunehmende Länge der Selektionsketten nicht mehr zu überbrücken. Das Vertrauen in andere Menschen schließt die Maßgeblichkeit ihrer Weltsicht nicht mehr ohne weiteres ein. Man muß lernen „weltanschauliche" Differenzen zu ertragen und trotzdem an fremde Selektionsleistungen eigenes Verhalten anzuschließen. Das Vertrauen wird gleichsam privatisiert, psychologisiert und dadurch individuell-tolerant; oder es wird funktional spezifiziert auf Kommunikationen bestimmter Art, für die der andere nachweisbar kompetent ist.

In dieser Lage kompliziert und differenziert sich die Notwendigkeit, das gesellschaftliche Selektionspotential auf das Maß des individuellen Entscheidungs- und Handlungsvermögens zu reduzieren. Die ausdifferenzierten Medien der Kommunikation, ihre Sprache und ihre Symbole, bringen neuartige Risiken mit sich und stellen damit Vertrauensprobleme neuer Art. Es wird nun bewußt, daß die Kommunikation von Menschen gemacht wird und auf Menschen wirkt, ohne durch die invariante Natur des Richtigen oder durch gute persönliche Bekanntschaft gesichert zu sein. Wie kommt es gleichwohl dazu, daß man sich auf solche Kommunikationen verlassen, der in ihnen reduzierten Komplexität vertrauen kann? Wie ist es möglich, Selektionsleistungen intersubjektiv zu übertragen? Wir wollen uns diese Fragen an den Beispielen des Geldes, der Wahrheit und der legitimen politischen Macht verdeutlichen.

Geld ist — um Bekanntes kurz anzudeuten — übertragbare Freiheit zu begrenzter Güterwahl. Es gewährt diese Freiheit durch

Abstraktion einer Tauschchance, die, auf eine quantitative Begrenzung zurückgeführt, offen läßt, wann, mit wem, über welchen Gegenstand und unter welchen Bedingungen der Geldbesitzer einen Tausch durchführen wird. Geld wird durch Kommunikation erworben, ohne daß während des Kommunikationsprozesses der Geldwert sich ändert bzw. die durch ihn ausgedrückte Komplexität verloren geht. Das erworbene Geldsymbol drückt eine bestimmte Unbestimmtheit von offenen Erwerbsmöglichkeiten aus und macht die Reduktion dieser Komplexität nach individuellem Belieben verfügbar. Die Entscheidung, wie diese Komplexität reduziert wird, wie, wann, wem gegenüber und wofür der einzelne sein Geld ausgibt, hat — und das ist eine der Voraussetzungen der Institutionalisierung allgemeiner individueller Freiheit — im Prinzip keine Konsequenzen für das Sozialsystem[4].

Durch Geld kann mithin die Komplexität des gesamten Wirtschaftssystems ausschnittweise dem einzelnen buchstäblich in die Hand gegeben werden. Die Unerläßlichkeit eines solchen dezentralisierenden Mechanismus für den Aufbau eines komplexen Wirtschaftssystems braucht hier nicht näher dargelegt werden. Der Mechanismus setzt aber für seine Funktionsfähigkeit voraus, daß das Geld selbst Vertrauen genießt. Der einzelne muß davon ausgehen können, daß er mit dem Geldsymbol auch wirklich die Möglichkeiten in der Hand hält, die es verspricht, so daß er getrost seine Entscheidung über die endgültige Verwendung des Geldes vertagen und die Komplexität der in ihm repräsentierten Möglichkeiten als solche in abstrakter Form genießen oder ausnutzen kann. Deutlich zeichnen sich hier die Konturen des allgemeinen Vertrauensproblems am Schnittpunkt von Zeitdimension und Sozialdimension ab: Ein rationales Streben nach Vorteilen über Umwege, Genußverzichte, Vertagungen, das Vorleistung impli-

---

[4] Dies stimmt natürlich nur innerhalb gewisser Grenzen. Es braucht, um Grenzen anzudeuten, nur an die Konjunkturproblematik erinnert zu werden oder an die Möglichkeit, durch geldpolitische Maßnahmen Konsumentscheidungen ohne Eingriff in individuelle Freiheit zu lenken. Für die soziologische Analyse sind aber nicht diese bedeutenden Einsichten das Entscheidende, sondern etwas ihnen Vorausliegendes: daß es zunächst einmal gelungen ist, die Sozialordnung gegen die Folgen individueller Reduktion sehr komplexer Verhaltensmöglichkeiten weitgehend zu immunisieren und damit eine Dezentralisierung des Entscheidens zu erreichen, die es überhaupt erst möglich macht, komplexe Wirtschaftsordnungen aufzubauen. Eine vergleichbare Institution wäre vor allem die Liebe (im Sinne einer individuellen Passion) als Ehegrundlage, die ebenfalls die Wahl des Gatten unter prinzipiell unbegrenzten Alternativen auf Grund einer individuellen, sozial ungesteuerten Neigung nicht nur zuläßt, sondern sogar normiert. Auch das setzt voraus, daß die Indifferenz der Sozialordnung gegen die Folgen solcher Entscheidungen sichergestellt ist.

ziert, ist nur motivierbar, wenn die störende Interferenz des freien, unberechenbaren Handelns anderer durch Vertrauen ausgeschaltet werden kann. Die Frage ist, wie solches Vertrauen, das ganz unabhängig ist von dem materiellen Wert der Substrate des Geldsymbols, aufgebaut und erhalten werden kann.
Wer in die Stabilität des Geldwertes und in die Kontinuität einer Vielfalt von Verwendungschancen vertraut, setzt im Grunde voraus, daß ein System funktioniert, und setzt sein Vertrauen nicht in bekannte Personen, sondern in dieses Funktionieren. Ein solches Systemvertrauen wird durch laufend sich bestätigende Erfahrungen in der Geldverwendung gleichsam von selbst aufgebaut. Es bedarf eines laufenden „feedback", aber keiner besonderen Innengarantien und ist daher unvergleichbar viel leichter zu lernen als persönliches Vertrauen in immer wieder neue Personen. Andererseits ist es ungleich schwieriger zu kontrollieren. Zwar gibt es gerade in bezug auf das Geldwesen zahlreiche Ereignisse, die symptomatische Bedeutung für die Vertrauensfrage haben, Warnfunktionen für die Wissenden ausüben und spezifische Defensiven oder Anpassungsreaktionen nahelegen. Deren Beherrschung stellt aber höchste Anforderungen an Wachsamkeit und Zeitaufwand, gelerntes Wissen und Intelligenz, so daß sie nur wenigen gelingt. Durch Umstellung von Personvertrauen auf Systemvertrauen wird das Lernen erleichtert und die Kontrolle erschwert. So kommt es typisch zu einem gleichsam automatisch gelernten Geldvertrauen, indem der Vertrauende sich abhängig weiß vom Funktionieren eines hochkomplexen Systems, das er nicht durchschauen kann, obwohl es an sich durchschaubar ist. Der Vertrauende weiß sich korrekturunfähig, fühlt sich damit Unvorhersehbarem ausgeliefert und muß trotzdem wie unter Zwangsvorstellungen weiter vertrauen. Wenn ein solches Vertrauen in Geld institutionalisiert ist und sich im großen und ganzen bewährt, ist damit eine Art *Gewißheitsäquivalent* geschaffen. Wer Geld besitzt, verfügt über ein *generelles* Problemlösungsmittel und kann innerhalb dessen Reichweite deshalb auf Voraussicht *spezifischer* Problemsituationen verzichten. Liquidität erspart Information[5]. Jede Investition von Geld, jeder Liquiditätsverzicht wird nunmehr zum Problem. Die Verwendung von Geld impliziert ein Opfer an Freiheit und Dispositionsgewißheit, das einer besonderen Absicherung bedarf, die in einer ge-

---

[5] Vgl. hierzu *H.-G. Krüsselberg* 1965, S. 127 ff., mit einem Überblick über die Entwicklung dieses Gedankens bei *Keynes, Shackle* und *Schmölders*, ferner etwa *A. Paulsen* 1950 oder *J. Tobin* 1958. *Keynes* selbst war bei der Ausarbeitung seiner Theorie der Geldwirtschaft bereits auf das Phänomen des Vertrauens gestoßen, hatte es aber abgelehnt, sich auf eine theoretische Analyse dieses Phänomens einzulassen; es erschien ihm als ein empirisches Problem. Siehe *J. M. Keynes* 1936, insb. S. 148 f.

nauen Planung und Voraussicht der Investitionsfolgen einerseits und in der Bewahrung einer genau kalkulierten Restliquidität andererseits gefunden werden kann[6]. Damit gewinnt außerdem die Möglichkeit, Liquidität zu opfern und doch zu behalten, zum Beispiel Geld in verkäuflichen Papieren anzulegen, sowohl für den einzelnen als auch für das Wirtschaftssystem eine Schlüsselstellung. Dieses logische Wunder des gleichzeitigen Opferns und Behaltens von Liquidität wird durch eine Steigerung des Geldvolumens erreicht[7]. Es impliziert also eine Steigerung und damit eine wachsende Gefährdung von Systemvertrauen.

Bei einer solchen Ordnung können Unsicherheiten im Wirtschaftssystem sich in doppelter und entgegengesetzter Weise auf Investitionsentscheidungen auswirken, je nachdem, welche Ebene der Generalisierung sie in der Hauptsache betreffen. Sie können, wenn sie die Voraussicht des Wirtschaftsgeschehens erschweren (bzw. die Kosten der Information und Planung steigern), die Liquiditätspräferenz als Gewißheitsäquivalent stärken und das Zurückhalten von Investitionen motivieren. Sie können aber auch umgekehrt das Geldvertrauen generell erschüttern und eine „Flucht in die Sachwerte" nahelegen. Dieser Doppeleffekt macht eine präzise Steuerung von Einzelentscheidungen durch die Geldpolitik schwierig. Er ergibt sich daraus, daß die Einzelentscheidung sowohl im Geldbehalten als auch im Geldverwenden sich durch die Vertrauensfrage vom Gesamtsystem abhängig macht, und zwar kennzeichnenderweise um so mehr, je rationaler sie kalkuliert wird.

Als Gewißheitsäquivalent, das gegenwärtig schon die Erfüllung noch unbestimmter künftiger Erwartungen sicherstellen kann, ist das Geld zugleich ein funktionales Äquivalent für manche anderen Formen des Vertrauens. Im Rahmen derjenigen Bedürfnisse, die überhaupt mit Geld befriedigt werden können, erfüllt es die gleiche zeitüberspannende, Risiken absorbierende Funktion in präziserer, wirksamerer Form, da es ganz spezifisch auf diese Funktionen zugeschnitten ist, und es gräbt dadurch dem Vertrauen das Wasser ab. Wer Geld hat, braucht insoweit anderen nicht zu vertrauen. Das generalisierte Vertrauen in die Institution des Geldes ersetzt dann jene unzähligen einzelnen und schwierigen Vertrauenserweise, die nötig wären, um den Lebensbedarf in einer kooperativen Gesellschaft sicherzustellen, durch einen Globalakt.

Während im Falle des Geldes die Komplexitätsreduktion dem einzelnen überantwortet wird zur Anpassung an *seine* Situation und *seine* Bedürfnisse, geht es im Falle der Wahrheit um ein komple-

---

[6] Zu den Möglichkeiten einer rationalen Programmierung von Investitionsentscheidungen unter Einbeziehung von Liquiditätsrücksichten vgl. *H. Albach* 1962.

[7] Deshalb fordert *G. Schmölders* 1960 mit Recht den Übergang von einer Qualitätstheorie zu einer Liquiditätstheorie des Geldes.

mentäres Gegenprinzip, das aller Vereinzelung des Menschen auf individuelle Standpunkte vorausgeht. Das Medium der Wahrheit bezieht sich auf Sinnerleben und erfaßt allen Sinn, dem intersubjektive Übertragbarkeit zugeschrieben wird. Mit wahrem Sinn konfrontiert, muß jedermann anerkennen und die Reduktionsleistung übernehmen — oder er verliert seine Rolle als mitkonstituierendes menschliches Subjekt, als Mitträger der Welt und damit seine soziale Identität. Wahrheit ist das tragende Medium intersubjektiver Komplexitätsreduktion. Vertrauen ist überhaupt nur möglich, wo Wahrheit möglich ist[8], wo Menschen sich mit Verbindlichkeit für Dritte über ein Selbes verständigen können. Wahrheit erleichtert diese Verständigung und damit die Reduktion der Komplexität, durch die Unterstellung, daß auch Dritte diese Auffassung für richtig halten würden.

Hierbei muß jeder einzelne den Wahrheitsbezug der Orientierung des anderen voraussetzen können. Die gesellschaftlich verfügbare Komplexität ist überwältigend groß. Der einzelne kann sie daher nur nutzen, wenn sie ihm in schon reduzierter, vereinfachter, zurechtgemachter Form angeliefert wird. Er muß, mit anderen Worten, sich auf fremde Informationsverarbeitung stützen und verlassen können. Er weiß, wer weiß, wie der Motor seines Wagens funktioniert, wie seine Gastritis am besten behandelt wird; er mißtraut zwar den Zeitungen, aber er nimmt doch an, daß ihre Neuigkeiten wenigstens Neuigkeiten sind; er verläßt sich darauf, daß der Vertreter seiner Versicherungsgesellschaft ihm sachgerecht Auskunft in Versicherungsfragen erteilt. Dies Vertrauen kann in einer hochkomplexen Umwelt nicht mehr durchgängig persönliches Vertrauen sein, obwohl auch diese Form zum Beispiel in Gestalt des befreundeten Hausarztes noch existiert[9]. Es ist typisch ein Vertrauen in spezielle und nachweisbare Fähigkeiten zur Informationsverarbeitung, in funktionale Autorität[10] und letztlich in die Funktionsfähigkeit der Wissenschaft als Handlungssystem. Wer sich zum Beispiel als Politiker an Ergebnissen der empirischen Wahlforschung orientiert, muß darauf vertrauen, daß die Interviewer tatsächlich interviewt haben und nicht etwa eigene Trendanalysen für Interviews substituieren.

Autoritätstypologien, die diesen Fall mitberücksichtigen, gehören zu den geläufigen Themen besonders der organisationssoziologischen Analyse[11]. Will man das darin steckende Vertrauensproblem

---

[8] Hierzu siehe grundsätzliche Ausführungen bei *H. Barth* 1943, S. 165 ff.

[9] Als Versuch, Autorität als ein *persönliches* Vertrauensverhältnis zu begreifen, siehe *R. Strohal* 1955, S. 17 ff. und *Schottländer* 1957, S. 35 ff.

[10] Um die Herausarbeitung dieses Begriffs hat sich *H. Hartmann* 1964 verdient gemacht.

[11] Siehe z. B. *J. R. P. French* und *B. Raven* 1959; *R. V. Presthus* 1960.

aufdecken, kommt es entscheidend darauf an, die Wandlungen des Hintergrundes auszuleuchten, der Autorität überhaupt erst Autorität sein läßt. Autorität ist stets Vertretung einer Komplexität, die nicht im einzelnen erläutert wird[12]. Ihr Stil hängt davon ab, wie diese Erläuterungsmöglichkeit vorgestellt wird. Mit dem Zerfall des alten Wahrheitskosmos hat sich der Bekanntheits- und Erkennbarkeitsstil der Welt grundlegend geändert. Immer verweist das Thema des faktischen Erlebens auf andere, nicht aktualisierte Erfahrungsmöglichkeiten. Nur der Horizont dieses „Undsoweiter" gibt der Welt ihre Einheit. Diese Erlebnispotentialitäten umgeben und prägen das faktische Erleben heute anders als früher[13]. Man weiß oder ahnt, daß hinter allem Gegenstandserleben mögliche Aussagen und hinter allen Aussagen Prozesse menschlicher Informationsverarbeitung stehen — und nicht etwa die unwandelbare Wahrheit des Seins. Diese Prozesse sind prinzipiell intersubjektiv kontrollierbar, sollen jedermann zugängliches Wissen vermitteln und sind dadurch unabhängig gestellt von bestimmten gesellschaftlichen Strukturen, vor allem von höherem Status auf Grund anderer, zum Beispiel religiöser, politischer oder wirtschaftlicher Funktionen[14]. Dieses Intersubjektivitätsprinzip, und damit die Abtrennung von bestimmten vorgegebenen Gesellschaftsstrukturen, garantiert nun den Gewißheitswert von Aussagen und in diesem neuzeitlichen Sinne ihre Wahrheit. Danach kann es nur die Komplexität der Sachverhalte und nicht so etwas wie die Verborgenheit der Wahrheit oder soziale Begrenzung ihrer Offenbarung sein, was den einzelnen hindert, seine Prämissen selbst aufzurollen. Und demnach ist Autorität nicht Sache begnadeten Wissens, das nur wenigen zugänglich ist, sondern Sache einer gelernten, arbeitsteilig ausgeübten, spezifischen Kompetenz.

Auch in dieser Form bedarf Autorität des Vertrauens, daß sie Wahrheit vermittelt[15]. Das unterscheidet sie von anderen Formen der Übernahme fremdgesetzter Verhaltensprämissen, zum Beispiel von Macht. Die Vorleistung des Vertrauenden besteht hier in der

---

[12] *C. J. Friedrich* stellt in seinem Autoritätsbegriff ausdrücklich auf eine „potentiality of reasoned elaboration" ab. Vgl. *C. J. Friedrich* 1958, S. 35; siehe auch ders. 1963, S. 216 ff.

[13] Vgl. hierzu *Husserls* Darstellung der Bedeutung der objektiven neuzeitlichen Wissenschaften für eine Transformation der Lebenswelt von innen heraus in *E. Husserl* 1954.

[14] Hierzu ein interessanter Hinweis bei *I. de S. Pool* 1963, S. 242, daß eine Gesellschaft, die auf Status als Quelle der Glaubwürdigkeit des Wissens verzichtet, einen ungewöhnlich hohen Verrtauensbedarf haben wird.

[15] Autorität wird hier also in jeder Form vertrauensfundiert angesehen und nicht etwa umgekehrt die Annahme von Autorität auf Grund Vertrauens als ein Sondertyp neben anderen Autoritäten; so z. B. *H. A. Simon* 1957 a S. 111 ff.

unkritischen Verwendung von Informationen, die andere erarbeitet haben — im Engagement auf die Gefahr hin, daß die Information sich als falsch herausstellt bzw. sich nicht wie vorgesehen bewährt. Andererseits ist der Gegenstand des Vertrauens bei funktionaler Autorität ebenso wie beim Geld im Grunde abstrakt und dadurch ungreifbar. Oft hat man einen authentischen Absender, aber er ist nur die letzte Hand in einer langen Kette der Informationsverarbeitung. Vertraut man dem Apotheker oder seiner Gehilfin, dem Arzt, der Medizin, der Wissenschaft, der Technik? Zwar lassen sich Fehler nachträglich zumeist lokalisieren. Man kennt heute die Gründe, aus denen Contergan jene schlimmen Folgen hatte. Aber worauf bezog sich im voraus jenes Gesamtvertrauen, daß bei der Informationsverarbeitung, die zu dem Rat führte: „Nehmen Sie Contergan!" keine Fehler unterliefen?

Auch hier ist eine Art von diffusem Gesamtvertrauen im Spiel. Von welchen Faktoren dieses Vertrauens in Experten im einzelnen abhängt, wissen wir nicht[16]. Es bezieht sich auf die Wissenschaften, auf die Technik, aber auch auf jenes ungeheure Tatsachenwissen, das in stark differenzierten Sozialordnungen angesammelt und gespeichert werden kann. System ist dieses Wissen nicht etwa im Sinne einer logisch geschlossenen Zusammenstellung von Sätzen, sondern im Sinne einer Ordnung kommunikativen Verhaltens, die eine gewisse Sorgfalt und Beachtung bestimmter Regeln bei der Auswahl und Verwendung von Prämissen einer Mitteilung sicherstellt. Jeder verläßt sich beim Bezug solchen Wissens darauf, daß im System genug Kontrollen der Zuverlässigkeit eingebaut sind und daß diese Kontrollen unabhängig von den persönlichen Motivationsstrukturen der jeweils Beteiligten funktionieren, so daß er diejenigen, die das Wissen erarbeitet haben, nicht persönlich zu kennen braucht[17].

Schließlich sei noch ein drittes und letztes Beispiel erörtert: das Vertrauen in legitime politische Macht. Während es sich beim Vertrauen in das Geld und in informierende Autorität um typisch dezentrale Formen der Komplexitätsreduktion handelt, bewirkt die Organisation der politisch-administrativen Gewalt eine Zentralisierung des Reduktionsprozesses, der auf ein Fällen verbindlicher Entscheidungen hinausläuft[18]. Sowohl in den der Staatsbüro-

---

[16] *F. J. di Vesta, D. L. Meyer* und *J. Mills* 1964 greifen in einer empirischen Untersuchung dieser Frage die Variablen Sicherheit der Darstellung des Expertenurteils, Inhalt der Äußerung (reine Information oder Interpretation) und Annehmlichkeit des Urteils heraus.

[17] Eine Reihe von Strukturproblemen einer solchen „knowledgeable society", darunter auch das Vertrauensproblem, wird angeschnitten bei *R. E. Lane* 1966.

[18] Siehe die Betonung des Wesens des Staates als „organisierte Entscheidungs- und Wirkungseinheit" bei *H. Heller* 1934, S. 228 ff., mit der

kratie vorgelagerten Prozessen politischer Meinungsformung, Konsensbildung und Interessenartikulation als auch in der bürokratischen Entscheidungstätigkeit ist eine organisierte und dadurch verstärkte Selektivität am Werke, die auf Entscheidungen hinführt, welche sich nicht von selbst verstehen, trotzdem aber mit dem Siegel legitimer Verbindlichkeit ausgestattet werden. Notfalls werden sie mit Zwang durchgesetzt. Deshalb ist das Medium der Kommunikation in diesem Falle weder Geld noch Wahrheit, sondern Macht.

Inwiefern für diesen Prozeß machtgestützer Vereinfachung Vertrauen notwendig ist und wo solches Vertrauen zu placieren wäre, ist nicht leicht zu sagen[19]. So nimmt es nicht wunder, daß das alte Thema des politischen Vertrauens, das besonders in der Zeit nach Beendigung der konfessionellen Bürgerkriege eine so große Rolle gespielt hatte[20], aus der gegenwärtigen politischen Theorie nahezu verschwunden ist[21]. Seine Stelle nimmt in der neueren Theorie des politischen Systems die „support"-Kategorie ein[22]. Jedenfalls ist der Zusammenhang der Einrichtungen der politisch-demokratischen Repräsentation des Volkes, durch die das Vertrauenserfordernis operationalisiert werden sollte, mit den wirklich Vertrauen aufbauenden sozialen Prozessen noch dunkel. Mit einem leidenschaftlich bis routinierten Werben um „Vertrauen in die politische Führung" ist es nicht getan, obgleich es nicht unwesentlich ist, wenn die Personifizierung einer Durchlaufstation des Entscheidungsprozesses an der Spitze des politischen Systems es ermöglicht, ein quasi persönliches Vertrauen in den Dienst der Politik zu stellen.

---

neuere amerikanische Auffassungen über „binding decisions" als „output function" politischer Systeme vorweggenommen wurden.

[19] Vgl. aber die Bemerkungen oben S. 26 zum Zusammenhang von Erfolgskriterium und Vertrauensbedarf.

[20] Und zwar aus der Situation der Zeit heraus vor aller demokratischen Theorie. Siehe zum Beispiel den leidenschaftlichen Appell für die Beseitigung des Mißtrauens und die Wiederherstellung des Vertrauens im Reich bei *Hippolithus a Lapide* 1647, Teil III, Kap. 4, S. 549 ff., ferner die auf *J. Locke* 1953, Buch II, Kap. 11, S. 183 ff. zurückgehende Auffassung des Government als Trust, die, zu einem Delegationsrecht erstarrt, noch heute vor allem das amerikanische Verfassungsrecht beherrscht. Siehe dazu *E. Fraenkel* 1960, S. 180 ff.

[21] Dies beklagt *W. Hennis* 1962, insb. S. 5 ff. Bei *H. Krüger* 1964, S. 209, wird zwar der Gedanke, daß Vertrauen Grundlage des Staatsbewußtseins sei, erwähnt, aber theoretisch nicht weiter ausgearbeitet und entpuppt sich schließlich (S. 987) als Prinzip des unkritischen Untertanengehorsams: Es „soll denjenigen Punkt so weit wie möglich hinausschieben, an dem der Untertan bei aller Bereitschaft zum Gehorsam sich zu sagen hat, daß der ihm erteilte Befehl auf seine Richtigkeit hin geprüft werden muß" . . .

[22] Siehe z. B. *T. Parsons* 1959 b; *D. Easton* 1965 b, S. 153 ff.

Die Ungeklärtheit der vertrauensbildenden Mechanismen liegt zunächst darin begründet, daß im politischen Bereich sowohl das Moment des Einsatzes, der Vorleistung des Vertrauenden, als auch die Hinsichten, in denen er vertraut, sich ins Unbestimmte verflüchtigen. Der Metapher vom „Staatsvertrag", durch den freie Naturmenschen sich selbst oder dem eingesetzen Souverän Vertrauen gewähren, entspricht keine Wirklichkeit. Gewiß: der Staatsbürger wählt. Aber die politische Wahl ist keine Beauftragung mit Interessenvertretung. Der deklarierte Leitgedanke dieser Institution lautet, daß die gewählten Volksvertreter nach Kriterien des Gemeinwohls zu entscheiden haben. Aber sie beanspruchen souveräne Entscheidungsgewalt, und einem Souverän kann man nicht vertrauen. Letzte Entscheidungsgewalt produziert ihre Normen selbst. Ein Vertrauen kann sich hier allenfalls darauf beziehen, daß Grenzen der Souveränität beachtet werden.

Dieses Dilemma von Souveränität und Vertrauen ist jedoch nur eine überzogene begriffliche Fixierung des Problems der politischen Komplexitätsreduktion, das in der Wirklichkeit nicht mit dieser Gedankenschärfe, sondern in vielen kleinen Schritten der Informationsverarbeitung gelöst wird — Schritte, die zunächst Interessen artikulieren, Konsensmöglichkeiten abfühlen, Personen in Positionen schieben, generalisierte Programmvorschläge testen, die dann eine vorläufige Erstarrung des Verbindlichen durch Gesetzes-, Budget- oder Richtlinienentscheidungen herbeiführen, welche dann durch Prozesse der „Auslegung" und „Anwendung" zu unzähligen Fallentscheidungen kleingearbeitet werden. Jeder Schritt erklimmt eine neue Stufe der Selektivität, die neue Informationen aufnimmt und Alternativen ausscheidet. Souverän ist daran eben dieses Moment der Reduktion, der Verengung des Entscheidungshorizontes, des Ausscheidens anderer Möglichkeiten; vertrauenswürdig macht diesen Prozeß, daß er in vielen kleinen Schritten erfolgt und auf allen Stufen informierbar bleibt, so daß die Souveränität, obwohl der Prozeß, um die Einheit der Entscheidung zu garantieren, durch Zentralstellen geleitet wird, nicht mit einem Schlage, also willkürlich, ausgeübt werden kann. Auch das soziale System lernt, wie es scheint. Vertrauen am besten in kleinen Schritten, die im einzelnen nicht viel riskieren.

Angesichts dieser Ordnung der Informationsverarbeitung kann das Vertrauen des Bürgers nicht mehr die einfache Form des Vertrauens in die Recht- und Zweckmäßigkeit der Amtsausübung durch den Amtsträger annehmen. Vielmehr differenziert sich die Vertrauenslage. Politisches Vertrauen wird auf zwei verschiedenen Ebenen der Generalisierung abverlangt und erteilt[23]. Der Bürger hegt einerseits bestimmte Entscheidungserwartungen, mögen sie ihn selbst oder die ihm richtig erscheinende Art von Politik betreffen; und er kann die politische Wahl als Ausdruck der Enttäuschung oder der Zufriedenheit „im großen und ganzen" benutzen. Zum anderen vertraut er dem politischen System als solchem dadurch, daß er im Lande bleibt und damit rechnet, eine menschenwürdige Existenz führen zu können. Die einzelnen Entscheidungserwartungen enthalten zwar ziemlich eindeutige Kriterien des Vertrauens, engagieren den Bürger aber nicht zentral und jeden auf verschiedene Weise. Der Enttäuschungsausdruck kann nicht generalisiert werden, kann leicht gemacht werden und fast ohne Folgen bleiben. Das Systemvertrauen ist dagegen hochgradig unbestimmt, involviert aber andererseits ein Engagement und Folgen, die bis an Leben und Tod gehen können. Die Verzahnung beider Ebenen des Vertrauens bewirkt die Stabilität der Gesamtordnung — und verkompliziert die Vertrauensfrage im Vergleich zu alten Vorstellungen vom persönlichen Vertrauen in den Amtsträger.

Geld, Wahrheit und Macht sind, so können wir resümieren und vertiefen, generalisierte Medien der Kommunikation, die der Übertragung reduzierter Komplexität dienen. Sie geben, und das sei mit dem Begriff des „Mediums" gesagt[24], den Kommunikationen ihres Bereiches auf je verschiedene Weise Kapazität für Komplexitätsreduktion. Komplexitätsreduktion setzt auf seiten dessen, der auf sie warten oder sie als vollzogen akzeptieren soll, Vertrauen voraus. In beiden Hinsichten, im Stil der Komplexitätsreduktion und in der Art des vorausgesetzten Vertrauens, werden die Medien vom Prozeß der zivilisatorischen Entwicklung zu stärkerer sozialer Differenzierung und zu größerer gesellschaftlicher Komplexität erfaßt und gewandelt. Diese Entwicklung verdeutlicht und präzisiert die Kontingenz aller menschlichen Interaktion. Ausdifferenzierte Kommunikationsmedien können daher nicht allein auf der schlichten Hoffnung beruhen, „daß es schon gut gehen wird", sondern setzen eine Verarbeitung der Selektivität des Erlebens und Handelns anderer in der Form von medienspezifischem Vertrauen voraus[25]. Zugleich tritt die Reduktion und die Übertragung von reduzierter Komplexität als Leistung organisationsbedürftiger Systeme menschlich-kommunikativen Verhaltens ins Bewußtsein. Als Vertrauensgrundlage genügt dann nicht mehr das gleichsam punktuelle Vertrauen in das Geld, das man in der Hand hält, in die Person, die etwas mitteilt, oder in die Blutsverwandtschaft mit dem Machthaber. Die Systeme der Reduktion erfordern und erhalten selbst Vertrauen.

---

[23] Siehe hierzu auch die auf „political support" zugeschnittenen Ausführungen bei *T. Parsons* 1959 b.

[24] Insofern gehen wir, wie schon in der Behandlung der Wahrheit als Medium der Kommunikation, über die von *T. Parsons* (vgl. oben Anm. 3) formulierten Auffassungen hinaus. Zur Auseinandersetzung mit *Parsons* im einzelnen *N. Luhmann* im Druck.

Man muß jedoch im Auge behalten, daß — wie beim Vertrauen schlechthin so auch beim Vertrauen in generalisierte Medien der Kommunikation — ein Mindestmaß an realen Grundlagen erforderlich ist[26]. Die Hochbauten des Vertrauens müssen auf der Erde stehen. In den erörterten Fällen finden die Anhaltspunkte des Vertrauens sich hauptsächlich in Chancen effektsicherer Kommunikation: in der Möglichkeit, Geld in bleibende Realwerte umzutauschen[27]; in der Möglichkeit, in Aussagebereichen, für die Wahrheit in Anspruch genommen wird, über bestimmte Themen überzeugten Konsens zu erreichen; in der Möglichkeit, nach feststehenden Regeln staatliche Zwangsmittel auslösen zu können. Mit diesen Kommunikationschancen hat der Vertrauende genug Realität in der Hand, um normalerweise darauf verzichten zu können, sie zu benutzen. Er vertraut also in einem doppelten Sinne auf verschiedenen Ebenen der Generalisierung: in die Wirksamkeit bestimmter Kommunikationschancen als Ventil für den Notfall und in das allgemeine Funktionieren des Systems, das diese Chancen in ihrer Effektivität immens ausweitet. Dabei trennen sich diese beiden Aspekte in seinem Bewußtsein normalerweise nicht, und das macht die Generalisierung des Vertrauens auf hochabstrakte Systemvorgänge möglich.

Bei all diesen generalisierenden Mechanismen wird die Zeitdimension in besonderer Weise relevant, und das erklärt zugleich, weshalb sie Vertrauen voraussetzen. Besitzt ein System liquide Geldmittel und Macht, kann es seine Entscheidungen vertagen und sie innerhalb eines bestimmten Bereichs von offen gelassenen Wahlmöglichkeiten trotzdem schon sicherstellen. Es kann lange Ketten der Verknüpfung selektiver Ereignisse bilden, ohne die dadurch koordinierten Situationen im voraus zu kennen oder spezifizieren zu können[28]. Es gewinnt damit Zeit für komplexe, informationsverarbeitende Entscheidungsprozesse, die eine Anpassung an die

---

25 So im Anschluß an die Unterscheidung von Hoffnung und Vertrauen oben S. 24 f., *R. C. Baum* im Druck.

26 Vgl. die allgemeine Erörterung dieser Frage in Kap. 5. Eine Ausarbeitung dieses Gedankens speziell für den Fall generalisierter Medien der Kommunikation findet sich bei *T. Parsons* 1963 a, insb. S. 46 ff. (und ders. 1964 a), der bei verschiedenen Medien jeweils ein „basic unit of security" voraussetzt. Siehe dazu auch die Anmerkungen von *R. A. Bauer,* anschließend S. 83 f., und ferner die Übernahme dieses Gedankens bei *K. W. Deutsch* 1963, S. 122 ff. unter dem Gesichtspunkt notwendiger „damage control mechanisms".

27 Im Unterschied zu den täglichen Konsumausgaben muß es sich um *bleibende* Werte handeln, weil nur diese Möglichkeit die Ansammlung von Geld über das hinaus, was zu unmittelbar absehbarem Verbrauch nötig ist, motivieren kann.

28 In dieser Funktion der Kettenbildung sieht *R. R. Blain* 1971 den eigentlichen Sinn generalisierter Kommunikationsmedien.

Umwelt auf einem höheren Niveau der Komplexität ermöglichen. Ähnliches gilt für Wahrheit. Sie ermöglicht das Konstanthalten bestimmter Strukturen der Umwelt, auf die das System sich einstellen kann. In dem Maße, als bewährte Wahrheiten festliegen, braucht das System nicht damit zu rechnen, daß sich alles auf einmal ändert. Der Gewinn an Reaktionszeit ergibt sich hier aus einer ungefährlichen Indifferenz gegen eine Vielzahl möglicher Umweltereignisse.

Während Vertrauen den Zeithorizont eines Systems ausweiten kann, zieht Vertrauensverlust ihn zusammen, und damit schrumpft die Komplexität und das Befriedigungspotential des Systems. Werden viele Forderungen, die auf lange Sicht befriedigt werden könnten, aus Mangel an Vertrauen gleichzeitig oder doch in sehr kurzen Zeitabständen angemeldet, sprengt das die Erfüllungsmöglichkeiten des Systems. Es muß dann mit zunehmender Härte über Prioritäten und Reihenfolgen entscheiden, was den Prozeß der Forderungsanmeldung beschleunigt, und es muß schließlich abweisen und zu drastischen Mitteln der Reduktion von Komplexität greifen, zum Beispiel zu Zwang oder zu partikularem Tausch mit bestimmten mächtigen Interessenten[29]. Auch dafür kann natürlich eine institutionalisierbare Ordnung gefunden werden[30], aber sie liegt auf geringerem Niveau der Komplexität und leistet entsprechend weniger.

Wie weit Vertrauensbildung und Generalisierung im einzelnen gehen und wie sie den Stil und die Sicherheit des Vertrauens verändern, kann natürlich nur empirische Forschung feststellen. Deren Ergebnis kann eine theoretische Besinnung in dieser Abstraktionslage nicht vorwegnehmen. Der Vorstellungszusammenhang, den sie erstellt, ermöglicht es jedoch, mutmaßliche Richtungen der Veränderung anzuzeigen.

Alle Komponenten des Prozesses der Vertrauensbildung scheinen tangiert zu sein: die Notwendigkeit und die Art des Lernens, die Teilverlagerung der Problematik von außen nach innen und die Rückprojizierung in die Umwelt zur symbolischen Kontrolle des Vertrauensobjektes. Die Umstellung auf Systemvertrauen scheint das Lernen des Vertrauens zu erleichtern, die Innengarantien weithin entbehrlich zu machen bzw. durch funktionierende Interaktion zu ersetzen, die Kontrolle des Vertrauens dagegen zu erschweren. Sie macht das Vertrauen diffus und dadurch widerstandsfähig, ja fast immun gegen einzelne Enttäuschungen, die stets speziell erklärt oder abreagiert werden können, während das persönliche Vertrauen durch verräterische Kleinigkeiten zum Plat-

---

29 Zu solchem durch Vertrauensverlust ausgelösten circulus vitiosus vgl. auch *T. Parsons* 1964 c, S. 63 f.

30 Für ein extremes Beispiel siehe *G. Guzmán* u. a. 1962.

zen gebracht werden kann. Das Systemvertrauen braucht nicht immer wieder neu gelernt zu werden.
Weiter scheint der Systembezug den Vertrauenden zu individualisieren, zum Beispiel die persönliche Situation dessen ins Bewußtsein zu rücken, der nicht nachprüft, was andere erarbeitet haben, oder dessen, der das politische System an seinen individuellen Entscheidungserwartungen mißt, oder dessen, der mit Hilfe von Geld eine individuelle Bedürfniskonstellation befriedigen kann. Andererseits ist das Vertrauen in die großen Mechanismen der Reduktion so unausweichlich, daß es nicht wie das persönliche Vertrauen als subjektive Leistung, die man gewähren oder versagen kann, bewußt zu werden vermag. So wird das Systemvertrauen im Alltag kaum zum Thema werden, und auch diese Latenz dient seiner Sicherstellung.
Ferner ist für Systemvertrauen eine eigentümliche Unabhängigkeit von der Motivationslage bezeichnend[31]. Wie eben bemerkt, hat der einzelne kaum Gelegenheit, seine Motive zu befragen, ob er sich dem Geld, der politischen Macht, den fachlich geprüften Wahrheiten anvertrauen will oder nicht. Ebensowenig kommt es dabei auf die Motivation dessen an, dem im konkreten Fall durch Annahme seiner Kommunikation vertraut wird (sofern dabei überhaupt noch konkrete Personen relevant auftreten). Damit ändert sich zugleich das Täuschungsproblem und die ihm zugrundeliegende Darstellungsproblematik. Während man bei persönlichem Vertrauen Darstellungen durchschauen und sich gegen Täuschungen vorsehen und wappnen muß, wird man von diesen Vertrauensanforderungen im Fall des Systemvertrauens entlastet. Daß die Bank mehr Geld ausleiht, als sie besitzt, daß der Staat mehr Befehle erläßt, als er mit Polizeigewalt durchsetzen könnte, daß im fachlichen Rat mehr Information vermittelt wird als logisch und empirisch stichhaltig belegt werden könnte, wird man kaum als Täuschung bezeichnen wollen. Das Vertrauen ist in diesen Fällen durch Generalisierung und durch Indifferenz gegen Fragen der

---

[31] Diese These könnte widerlegt werden durch den Nachweis, daß die Bereitschaft zu personalem Vertrauen und zu Systemvertrauen von den gleichen Persönlichkeitsfaktoren abhängen und zusammen variieren. Die Ergebnisse, die *M. Rosenberg* 1956 und ders. 1957 erzielt hat, deuten in diese Richtung, erfassen aber nur die Disposition zu positiven oder negativen Äußerungen, nicht auch das verhaltensmäßige Engagement. Im übrigen müssen Zweifel angemeldet werden daran, daß Persönlichkeitsstrukturen so direkt mit Erfordernissen sozialer Systeme korrelieren. Vermutlich wird es so sein, daß Systemvertrauen so oder so zustandekommt, den einzelnen aber je nach der Art seiner Persönlichkeit mehr oder weniger belastet, also psychisch auf verschiedene Weise kompensiert werden muß, und daß erst das Zurverfügungstellen der notwendigen kompensierenden Mechanismen wieder ein soziales Problem ist.

Motivation über die Ebene hinausgehoben, in der Täuschungen zu erwarten und gefährlich sind.
Schließlich erfordert die Kontrolle des Systemvertrauens in zunehmendem Maße Fachwissen. Für das Geldwesen und die Wahrheit liegt das auf der Hand. Selbst eine abgekürzte Prüfung von Indizien der Vertrauenswürdigkeit ist hier nur dem Kenner möglich. Aber auch ein Abschätzen politischer Kräfte und Entwicklungen erfordert heute ein absorbierendes Maß von Detailkenntnissen, hauptsächlich von Personen-, Rollen- und Organisationskenntnissen, die sich nur durch aktive Teilnahme am politischen Prozeß erwerben lassen. Praktisch kann Vertrauenskontrolle also nur im Hauptberuf ausgeübt werden. Alle anderen müssen sich auf die hauptberuflich Kontrollierenden verlassen und leben damit notgedrungen an der Peripherie des Geschehens. Die Kontrollen müssen, mit anderen Worten, in die Vertrauen erheischenden Systeme hineinverlagert und dort explizit gemacht, wenn nicht organisiert werden. Das Vertrauen in die Funktionsfähigkeit von Systemen schließt Vertrauen in die Funktionsfähigkeit ihrer immanenten Kontrollen ein. Die Risikoneigung muß in diesen Systemen selbst unter Kontrolle gehalten werden.
Indifferenz gegen individuelle Vertrauensmotive hat in einer hochkomplexen Gesellschaft, die Angst individualisiert, ja sogar Individualismus als Erwartung institutionalisiert hat, ihre eigenen Probleme. Wie soll der einzelne sich selbst verstehen unter dem Zwang, Vertrauen schenken zu müssen, ohne Vertrauen selbst leisten und kontrollieren zu können?
Diese Frage eröffnet ein weites Feld für empirische Forschung. Sie kann hier nicht angemessen beantwortet werden. Es ist zu vermuten, daß diese Situation ihre eigenen Themen, Probleme und Werte erzeugt — etwa das Problem und den Wert der „Sicherheit“[32]. Man wird auch nicht fehlgehen mit der Annahme, daß die Gesellschaft auf diese Weise langfristig-erziehende Bedingungen erfolgreicher Sozialisierung vorgibt, die etwa einem urbanen, beweglichen, anpassungsfähigen, taktisch-rationalen Gefühl und Wirklichkeit trennenden Menschentyp mit hohem Potential für „Dahingestelltseinlassen“ besondere Bestätigungschancen gibt. Andererseits wäre es sicher verfehlt, auf bestimmte psychologische Lösungen dieses Problems zu spekulieren. Da die Problemlösung von einer hochkomplexen Gesellschaft *generell* vorausgesetzt wird, muß es *verschiedene* Möglichkeiten persönlicher, mehr oder weniger glücklicher Einstellung dazu geben; anderenfalls würde die Gesellschaft ihren Bedarf für verschiedenartige, stark individualisierte Persönlichkeit in verhängnisvoller Weise zurückschnei-

---

[32] Hierzu verdanke ich Anregungen der Untersuchung von *F.-X. Kaufmann* 1970.

den müssen. Eben diese notwendige Vielfalt macht es unmöglich, an dieser Stelle das Thema weiter zu fördern[33].

All diese Überlegungen drängen zu dem Schluß, daß Systemvertrauen gewisse Funktionen und Züge der Vertrautheit in sich aufgenommen, hat, also eigentlich jenseits von persönlich geleistetem Vertrauen und Mißtrauen liegt[34]). Und doch handelt es sich nicht einfach um Vertrautheit mit Systemen, sondern um eine sehr viel problematischere Leistung. Wenngleich auch Systemvertrauen mehr oder weniger gerafft, mehr oder weniger latent erwiesen wird, unterscheidet es sich wesentlich von der „naiv" erlebten Vertrautheit der alltäglichen Welt. Im Systemvertrauen schwingt die Bewußtheit mit, daß alle Leistungen *hergestellt*, alle Handlungen im Vergleich mit anderen Möglichkeiten *entschieden* worden sind. Das Systemvertrauen rechnet mit *ausdrücklichen* Prozessen der Reduktion von Komplexität, also mit Menschen, nicht mit Natur. Die großen zivilisatorischen Prozesse der Umstellung auf Systemvertrauen geben der Menschheit eine stabile Einstellung zur Kontingenz einer komplexen Welt, geben ihr die Möglichkeit, mit der Einsicht zu leben, daß alles anders sein könnte. In ihnen wird die soziale Kontingenz der Welt bewußtseinsfähig. Dem Denken stellt sich damit die Frage nach dem transzendentalen Vertrauen in die sinnhafte Konstitution der Welt.

8. Taktische Konzeption: Vertrauen als Chance und als Fessel

Die beiden vorangegangenen Kapitel haben sich vorwiegend mit Systemen beschäftigt, die Vertrauen schenken wollen oder müssen. Jetzt kommen wir zu denen, die Vertrauen verdienen wollen oder müssen. In beiden Fällen ist die Umwelt des Systems das Problemfeld. Die Frage nach den systeminternen Voraussetzungen für das Schenken bzw. Verdienen von Vertrauen schieben wir noch auf.

Schon die Analyse des Vertrauenschenkens bot Anlaß zu takti-

---

[33] Auch das Kap. 11 über Vertrauensbereitschaft wird diese notwendige Aufgliederung in verschiedenartige, funktional äquivalente Systemmechanismen der Vertrauensbildung nicht leisten, sondern nur die Problemstellung vertiefen können.

[34] Das Ergebnis der o. a. empirischen Untersuchung von *Kaufmann* deutet ebenfalls darauf hin, daß zwei verschiedene Ebenen oder Skalen des Vertrauensproblems unterschieden werden müssen.

schen Erwägungen. Sowohl das Lernen als auch das Internalisieren als auch die symbolische Kontrolle des Vertrauensobjektes legten die Frage nahe, ob ein System auf die eine oder die andere Weise sich erfolgreicher verhalte. Doch stand für uns — und steht für das vertrauende System — die Analyse der Umweltstrukturen, welche die Placierung von Vertrauen erleichtern bzw. erschweren, im Vordergrund. Die Blickwendung, die wir jetzt vollziehen, gibt zugleich den taktischen Erwägungen das Übergewicht. Nicht wer Vertrauen verdient, sondern wie er es sich verdient, ist das Problem.

Es mag sein, daß es im Grenzfall Personen oder Sozialsysteme gibt, die Vertrauen verdienen einfach dadurch, daß sie starr und unbeweglich bleiben, was sie sind. Solch eine Ontifizierung des Vertrauenssubstrates und die ihr entsprechende theoretische Darstellung mit Hilfe der Vorstellung vertrauenswürdiger Qualitäten oder Tugenden, setzt eine unbewegliche, ungefährliche, wenig komplexe Umwelt voraus (bzw. ein kompensierendes „Jenseits", das Unerklärliches erklärt und Schäden heilt). In einer beweglichen Umwelt, deren Komplexität besonders auch in sozialer Hinsicht bewußt wird, impliziert diese Einstellung Gefahren für den Bestand des Systems und damit auch für die Fortsetzbarkeit des Vertrauens. Elastischer, komplexer, bestandsfähiger sind Systeme, die das Vertrauen, das sie in ihrer Umwelt genießen, als Problem erleben und sich darum bemühen können. Sie verlieren an Spontaneität und gewinnen an Reflexivität. Ihre Selbstdarstellung wird bewußter und auf komplexere Bedingungen einstellbar.

Das Vertrauen, das in sie gesetzt wird, muß nun ebenfalls diese Ebene der Reflexivität erklimmen, sonst fühlte es sich laufend getäuscht. Es bezieht sich dann nicht mehr darauf, daß der andere bleibt, was er ist, sondern darauf, daß er seine Selbstdarstellung fortsetzt und sich durch seine Selbstdarstellungsgeschichte gebunden fühlt. In dem Maße, als diese Reflexivität bewußt wird, wird auch persönliches Vertrauen zu einer Variante des Systemvertrauens. Erst Vertrauen in die Reflektiertheit der Selbstdarstellung enthält eine Gewähr für angepaßte Verhaltenskontinuität unter schwierigen, wechselnden Bedingungen. Erst diese Form des Vertrauens sieht den anderen Menschen wirklich als frei — und nicht nur als Wesen mit bestimmten, bleibenden Eigenschaften. Nur diese Form des Vertrauens kann sich die Funktion des Vertrauens, die Funktion der Komplexitätsreduktion angesichts der Freiheit des anderen Menschen, bewußt machen und darin eine Orientierung finden. Und umgekehrt gesehen hat eine funktionale Theorie des Vertrauens, wie sie hier versucht wird, nur Wirklichkeitswert, wenn und soweit eine Sozialordnung in der Lage ist, Vertrauen in reflektierte Darstellungen psychologisch zu ermöglichen und sozial zu institutionalisieren.

Grundlage allen Vertrauens ist die Darstellung des eigenen Selbst als einer sozialen, sich in Interaktionen aufbauenden, mit der Umwelt korrespondierenden Identität. Wer sich von vornherein als unansprechbar darstellt — und das kann in sehr verschiedenen Formen geschehen: durch abweisende Reaktion, durch wirklich eiliges Vorbeilaufen, durch Verstöße gegen das Übliche in Aussehen oder Betragen, die zeigen, daß man darauf keinen Wert legt —, wer sich auf diese Weise distanziert, erwirbt kein Vertrauen, weil er keine Lern- und Prüfungsmöglichkeiten offeriert. Er mag sich als ein relativ berechenbarer Faktor in der Situation erweisen; aber man vertraut ihm nicht. Wer sich Vertrauen erwerben will, muß am sozialen Leben teilnehmen und in der Lage sein, fremde Erwartungen in die eigene Selbstdarstellung einzubauen.

Das ist die Grundregel. Sie darf jedoch nicht mit reinem Konformismus verwechselt werden. Im Gegenteil! Wir sahen schon, daß Rollenkonformität wenig Gelegenheit zur Selbstdarstellung bietet[1]. Wer sich nur anpaßt, wird als Selbst überhaupt nicht sichtbar, und schon deshalb kann man ihm ebensowenig vertrauen wie dem, der vorbeiläuft. Der Weg zum Vertrauen führt über ein umformendes Eingehen auf fremde Erwartungen. Man kann sie besser erfüllen, als erwartet wurde, oder auf andere Weise. Wo Indifferenz erwartet wurde, kann auch (nicht massives) Schenken überzeugen; wo vorsichtig-zurückhaltende Äußerungen das Normale sind, kann man auch durch bedachte Unbedachtsamkeiten gewinnen. Selbst Vorgesetzte, die von ihren Untergebenen respektvolle Umständlichkeiten und Zurückhaltung aller Kritik gewohnt sind, entziehen sich selten dem Eindruck eines unbekümmert-frischen Eingehens auf die Sache selbst, sofern es richtig dosiert ist und weder ins Harmlose noch ins vertraulich sich Anbiedernde übertrieben wird. Das taktische Rezept solcher Vertrauensstrategien liegt im Erkennen funktional äquivalenter Möglichkeiten und in der Beachtung ihrer Grenzen. Wer persönliches Vertrauen erwirbt, tauscht dem Partner gleichsam Standarderwartungen ab gegen solche, deren Erfüllung nur er als diese individuelle Persönlichkeit mit dem ihm eigenen Stil gewährleisten kann.

---

[1] Wir können deshalb uns nicht an einen Begriff der sozialen „Identität" anlehnen, der sich in den Vereinigten Staaten auf den von *G. H. Mead*, *K. Burke* und *E. Goffman* gelegten Grundlagen auszubreiten scheint und auf die Konstituierung des Selbst durch Erfüllung je situationsspezifischer Rollenerfordernisse hinausläuft. Siehe *A. L. Strauss* 1959; *E. Gross* und *G. P. Stone* 1964. Das Selbst ist gerade unter dem Gesichtspunkt seiner symbolischen Identität mehr als eine Karriere wechselnder Rollenidentitäten, und sein Tod kann, selbst wenn man nur auf den Symbolwert dieses Faktums abstellt, nicht in eine non-scheduled status-passage aufgelöst werden — siehe *B. G. Glaser* und *A. L. Strauss* 1965. Deutlich unterscheidet beide Arten der Identität *E. Goffman* 1963 b, S. 51 ff.

Alle Selbstdarstellung verpflichtet — allein schon dadurch, daß sie ein Selbst darstellt, für das Identität in Anspruch genommen wird. Man muß, will man derselbe bleiben, so bleiben, wie man sich gezeigt hat. In einzelnen Hinsichten mag es gelingen, gute Gründe für ein Abweichen zu finden oder die Selbstdarstellungsgeschichte so umzudeuten, daß das Neuartige als Konsequenz des Gewesenen erscheint. Doch solche Reformen sind nur an einem, im übrigen konstant und integer bleibenden Selbst durchführbar[2]. Nicht zufällig haben schon frühe Soziologen beobachten können, daß der unvertraute Fremde mehr Freiheit genießt und unbefangener agieren kann[3]. Wer länger am Platze ist, schon bekannt ist, vertraut hat und Vertrauen genießt, ist eben dadurch mit seiner Selbstdarstellung in ein durch ihn miterzeugtes Gewebe von Normen verstrickt, aus dem er sich nicht zurückziehen kann, ohne Teile seines Selbst zurückzulassen — es sei denn, daß er ganz von der Szene verschwindet und nur die Illusion hinterläßt, daß er anderswo derselbe bleibt.

In dem Maße, als die Vertrauensfrage bewußter, gemeinsam gepflegter Angelpunkt der Beziehung wird, gewinnt diese Selbstbindung einen neuen, gleichsam unpersönlicheren Stil. Das setzt ein gewisses Maß an Spezifikation der relevanten Vertrauenshinsichten voraus. Das Selbst wird dann von vornherein so präsentiert, daß es vertrauenswürdig ist. Die Selbstbindung wird in Form einer Unterwerfung unter die Vertrauensbedingungen vorweggenommen. Der Darsteller erweist sich als am Vertrauen interessiert, sucht Vertrauen zu gewinnen. In dem Maße, als dies Interesse durchsichtig und die Manipulation der Darstellung durchschaubar wird, kann der Vertrauende sein Vertrauen darauf stützen und das Verhalten des Darstellers über sein Interesse steuern, indem er ihm die Bedingungen der Fortsetzung bzw. des Entzugs des Vertrauens zuflaggt.

So entstehen in Großorganisationen, in denen der offizielle Umfang der Verantwortlichkeit in höheren Positionen die Verantwortungsfähigkeit (nämlich die Datenverarbeitungsfähigkeit) des einzelnen bei weitem übersteigt, sehr bezeichnende persönliche Vertrauensbeziehungen zwischen Vorgesetzten und Untergebenen, Entscheidungsstellen und Stäben, Parlamentariern und Ministerialbeamten, in denen die eine Seite aus der Überlast ihrer Verantwortlichkeit heraus persönliches Vertrauen schenken muß, das offiziell nicht eingestanden und zur Sprache gebracht werden kann, und die andere Seite dieses Vertrauen ergreift, seine Bedingungen und Grenzen erfühlt, es pflegt, es als Grundlage des eigenen Einflusses auf den Vertrauenden benutzt — und es durch entspre-

---

[2] Siehe dazu *P. L. Berger* 1963, S. 54 ff.
[3] Vgl. namentlich *G. Simmel* 1922, S. 509 ff.

chendes Verhalten rechtfertigt, weil anders die für beide Seiten vorteilhafte Symbiose auf die Dauer nicht erhalten werden kann[4]. Zu stärkeren Täuschungen kommt es dabei kaum, denn das würde die Darstellungsanforderungen bei laufenden Beziehungen sehr rasch ins Unübersehbare vervielfältigen. Der Vertrauende übt eine abgekürzte symbolische Kontrolle seines Vertrauens aus, und das macht es für den Darstellenden äußerst strapaziös und damit unrentabel, eine Diskrepanz von Sein und Schein als Regel durchzuhalten.

Sehr deutlich beleuchten gerade diese Analysen wiederum den Hintergrund aller Vertrauensbildung: das Problem der Komplexität. Der Vertrauende entlastet sich durch sein Vertrauen von Komplexität, die er nicht tragen kann. Wer sein Vertrauen mißbrauchen will, muß seinerseits diese Komplexität übernehmen. Er muß so komplexe Verhaltensforderungen auf sich laden, muß eine sehr weitreichende Beherrschung der relevanten Informationen und eine lückenlose Kontrolle der dem Vertrauenden zugänglichen Nachrichten sicherstellen, so daß er selbst Gefahr läuft, unter dem Druck der Komplexität zusammenzubrechen[5]. Zu den wichtigsten Komplexität reduzierenden Strategien des Betrugs gehört daher eine zeitliche Begrenzung des Vertrauensbruchs und möglichst auch des Kontakts mit dem Betrogenen. Ehebrecherische Beziehungen, in denen das nicht möglich ist, stellen bekannt hohe Verhaltensanforderungen und entspringen selten abgewogener Überlegung. Das Vertrauen zu rechtfertigen, ist in allen Dauerbeziehungen als Verhaltensregel einfacher, wenngleich diese Regel den Vertrauenden

---

[4] Siehe hierzu sehr aufschlußreiche Ausführungen über die Vertrauensbeziehungen britischer Ministerialbeamten bei *H. E. Dale* 1941, über die Beziehungen zwischen Gewerkschaftsboß und Intellektuellen bei *H. L. Wilensky* 1956 (insb. S. 224 ff. über the anatomy of „confidence"), zwischen Lobbyisten und Politikern in Washington bei *L. W. Milbrath* 1963, S. 286 ff. und über die Beziehungen von Behördenvertretern und Abgeordneten bei der Budgetberatung in Parlamentsausschüssen bei *A. Wildavsky* 1964 (zum Vertrauensproblem insb. S. 74 ff.); aus dem deutschen Erfahrungsbereich *F. Mayer* 1965, S. 308 ff.; ferner allgemein zu der Vertrauensbeziehung zwischen dem „executive" und seinen „principals" *D. Braybrooke* 1964, S. 542 ff. Die übliche, in der Organisationswissenschaft formelhaft wiederholte Feststellung, daß Delegation Vertrauen erfordere — siehe z. B. *L. A. Allen* 1958, S. 135 f.; *B. H. Baum* 1961, S. 86 —, gibt von der Delikatesse, den strategischen Anforderungen und den heiklen Punkten einer solchen Beziehung keine rechte Vorstellung, sondern beläßt es bei einem moralischen Appell an den Vorgesetzten, sich den inneren Ruck des Vertrauens zu geben. Und auch die üblichen empirischen Organisationsuntersuchungen kommen mit ihrer Interview- und Fragebogenmethode an diesen Sachverhalt fein verflochtener reflexiver Darstellungs- und Prüfstrategien kaum heran.

natürlich nicht gegen einzelne, überlegt placierte, gut gesicherte Ausnahmen schützt.

Mitteilung eines Interesses an Vertrauenserweisen, Selbstdarstellung als vertrauenswürdig, Sicheinlassen auf Vertrauen und Erwiderung von Vertrauen sind Bemühungen um Intensivierung und Generalisierung sozialer Beziehungen, die sich, zumindest in Dauerbeziehungen, zugleich als Chance und Fessel erweisen. In Vertrauensbeziehungen ist so ein Moment der sozialen Kontrolle eingebaut. Vertrauen sammelt sich an als eine Art Kapital, das mehr Möglichkeiten zu weiterreichendem Handeln eröffnet, aber auch laufend benutzt und gepflegt werden muß und den Benutzer auf eine vertrauenswürdige Selbstdarstellung festlegt, von der er nur schwer wieder herunterkommt. Man kann Vertrauen durch täuschende Selbstdarstellung erwerben, aber man kann es sich nur erhalten und als laufend verfügbares Kapital nur nutzen, wenn man die Täuschung fortsetzt. Dann verwandelt sich unversehens der Schein in Wirklichkeit, die vorgetäuschten Qualitäten werden zur Gewohnheit. Die Vorteile des Vertrauens dienen als Instrument der Verpflichtung. Vertrauen erzieht. Das gilt auf emotionaler Ebene ebenso wie auf taktischer Ebene und neutralisiert die Gefahren, die in einer rein taktischen Steuerung von Vertrauensbeziehungen liegen. Die gefühlsmäßige Bindung an geschenktes Vertrauen ist gleichsam eine Fortsetzung der Komplexitätsreduktion im Innern, eine Reaktionsvereinfachung durch Einverseelung der Erwartungen des Vertrauenden. Das ist nicht die einzige und vielleicht nicht die reifste Art, auf Vertrauen adäquat zu reagieren. Wer sich dagegen nicht nur gefühlsmäßig durch Vertrauenserweise einfangen und hemmen läßt, sondern die Vertrauensbeziehung, ihre Themen und ihre Grenzen mitplant, wird dabei die Vorzüge einer gemeinsamen Komplexitätsreduktion eher erkennen.

Die Konsolidierung von Vertrauen gibt dem Urproblem der Sozialordnung, der Existenz eines freien alter ego, demnach eine vorteilhafte, aber auch voraussetzungsvolle Neufassung. Statt sich gegen die Unberechenbarkeit des anderen in der vollen Komplexität aller Möglichkeiten zu wappnen, kann man auch die Komplexität zu reduzieren suchen, nämlich sich auf die Ausbildung und Erhaltung wechselseitigen Vertrauens konzentrieren und in bezug auf dieses engergefaßte Problem sinnvoller handeln. Es ist anzunehmen, daß die sich daraus ergebenden Möglichkeiten mit mehr Bewußtheit besser genutzt werden können.

---

[5] Ausführliche Analysen dieser Problematik gibt *Goffman* 1969.

9. Vertrauen in Vertrauen

Sehr differenzierte Sozialordnungen kommen mit den elementaren, unreflektiert ablaufenden sozialen Mechanismen des Erkennens und der Normbildung, des Lernens, des Vertrauens und der Institutionalisierung von Verhaltenserwartungen nicht aus. Ihre Verhältnisse sind so komplex, daß es sich lohnt, ja daß es notwendig wird, diese Mechanismen in eine reflexive Form zu bringen. In dieser Form werden sie auf sich selbst angewandt und dadurch in ihrem Effekt potenziert[1]. Wenn ihre reflexive Form einmal institutionalisiert ist, bietet sie solche Vorteile und stellt sich die Sozialordnung in einem Maße auf sie ein, daß es nahezu unmöglich wird, in einfachere Zustände zurückzukehren[2]. Reflexive Mechanismen erweitern das Komplexitätspotential der Sozialordnung und damit die Bestandsaussichten des sozialen Systems, in welchem sie institutionalisiert sind. Sie haben zwar schwerwiegende dysfunktionale Folgen, besonders in Übergangszeiten. Aber diese werden auf der neuen Ebene sozialer Organisation als Folgeprobleme erkannt, motivieren sekundäre Leistungen, und in dem Maße, als es gelingt, sie zu erträglichen Verhaltenslasten kleinzuarbeiten, dienen sie ihrerseits als überwundene Schwierigkeiten der Stabilisierung des Gesamtgefüges.

Eines der wichtigen, weittragenden Beispiele für ein solches Auf-sich-selbst-Anwenden einfacher Mechanismen ist das Lernen des Lernens. In seiner elementaren Form geschieht das Lernen gleichsam beiläufig, als Nebeneffekt des Verhaltens und der Wahrnehmung seiner Folgen. Erst die Ausdifferenzierung und funktionale Verselbständigung des Lernvorgangs macht es möglich, ihn konzentriert, systematisch und langfristig zu betreiben, und dann lohnt es sich, einen Teil der Kräfte für die Rationalisierung des Lernvorgangs selbst abzuzweigen und das Lehren und das Lernen zu lernen. In breiterem Umfange läßt sich die dadurch erreichbare Steigerung der Lernfähigkeit nur verwirklichen, wenn die Ausdifferenzierung des Lernvorgangs von der Ebene der Einzelhandlung auf die des Sozialsystems übertragen wird. Das Lernen läßt sich dann in funktional spezifisch dafür eingerichteten Sozialsystemen, in Schulen, kooperativ betreiben.

Ein anderes Beispiel finden wir in der Normierung von Verhaltenserwartungen. Auch sie ist ursprünglich reines Nebenprodukt des sozialen Zusammenlebens, nämlich ein Bestehen auf Erwartungen, auch wenn sie enttäuscht werden. So gebildete Normen gewinnen ihre Stabilität durch Rückprojizierung in die Vergangenheit[3]. Das

---

[1] Hierzu ausführlicher: *N. Luhmann* 1971, S. 92 ff.
[2] Vgl. hierzu *T. Parsons* 1964 b.
[3] Die Zeitdimension läßt sich also zur Entlastung der Sozialdimension

alte Recht ist das gute Recht, und seine Normqualität ist menschlicher Setzung schlechthin entzogen. Auch hier kommt Innovation erst durch Reflexivität in Gang[4], und Reflexivität heißt hier Positivierung des Rechts. Wenn und soweit Recht gesetzt werden kann, muß die Normierung normiert werden, muß ein System sich, zum Beispiel in Form einer „Verfassung", einen Komplex formaler Steuerungsnormen schaffen, die eine Regelung des Verfahrens und eine abstrakte Vorselektion zulässiger Rechtsnormen leisten.

Mit der Positivierung des Rechts und der parallel sich entwickelnden Positivierung der Zwecke wird die staatliche Entscheidungsorganisation im eigentlichen Sinne souverän. Auch ihre Macht muß dann reflexiv organisiert werden: Es müssen Formen der Übermächtigung des Machthabers, Formen legitimen Machtwechsels institutionalisiert werden. Erst wenn die Übermächtigung der Macht sichergestellt ist, kann das Machtpotential unbedenklich vervielfacht werden.

Es ist anzunehmen, daß mit wachsender sozialer Differenzierung auch andere elementare sowie voraussetzungsvollere Mechanismen reflexiv werden — die Käuflichkeit des Geldes ist ein ebenso bekanntes Beispiel wie das Erforschen des Forschens durch reflexive Wissenschaften wie Erkenntnistheorie, Logik und Methodenlehre. Dieser Tendenz zur Reflexivität entziehen sich auch die Mechanismen der Selbstdarstellung und der Vertrauensbildung nicht, wenngleich die Reflexivität in diesem Zusammenhang eine weniger deutlich abgestufte und daher nicht so leicht erkennbare Form annimmt. Sie nimmt hier den Weg einer zunehmend funktionalen Bewußtheit, eines Durchschauens der Grundlagen und Funktionen sozialer Vertrauensbildung.

Dies Durchschauen hat einen anderen Stil als das Bemühen um eine unmittelbare Vergewisserung der Vertrauenswürdigkeit. Es sucht nicht durch direkte Hinwendung zum Objekt immer genauer zu erkennen, ob das Vertrauen gerechtfertigt ist, und damit Vertrauen im eigentlichen Sinne durch Wissen zu ersetzen, also zu erübrigen. Sondern es nimmt Abstand, bedenkt Funktion und

---

einsetzen. Das sei im Anschluß an unsere Ausführungen über den Konstitutionszusammenhang von Zeitdimension und Sozialdimension oben S. 15 festgehalten.

[4] Als bedeutungsvoller Übergang, als Überleitung vom traditionalen zum positiven Recht diente die mittelalterliche Vorstellung einer Legeshierarchie, die auf ihrer untersten Stufe positives Recht vorsah. Überhaupt enthält der Hierarchiegedanke das Moment der Reflexivität, der Anwendung auf sich selbst, und legitimiert zugleich eine begrenzte Flexibilität, indem er auf allen Stufen eine Änderbarkeit des unteren Bereichs nach Maßgabe des höheren zuläßt. Vgl. dazu auch *N. Luhmann* 1972, Bd. 1, S. 190 ff.; Bd. 2, S. 213 ff.

Funktionsvoraussetzungen des Vertrauens, geht also von der Notwendigkeit aus, Informationen zu überziehen, und setzt das Vertrauen dann reflexiv in die Mechanismen der Vertrauensbildung. Es durchschaut die durch Arbeit an Symbolen konstituierte Welt des sozialen Kontakts als hergestellten Schein — aber als Schein, der für die Fortsetzung der Kontakte eine tragfähige Grundlage abgibt, sofern jedermann die Spielregeln beachtet und an der Erhaltung der Darstellung vertrauensvoll mitwirkt.

Im Grunde ist die ontologische Entgegensetzung von Sein und Schein zur Erfassung dieses reflexiven Verhältnisses ungeeignet[5]. Denn das, was wir Schein nannten, ist Realität, wenn es als Prämisse weiteren Erlebens und Verhaltens verwendet wird[6]. Es ist eine zweite Wirklichkeit. Die Wirklichkeit symbolisch dargestellter Identitäten, die Wirklichkeit der sozialen Komplexitätsreduktion, ist sicher in besonderer Weise störempfindlich. Aber letztlich ist jede Wirklichkeit zerstörbar. Das allein ist noch kein Grund, das Zerstörbare als Schein und das Zerstörende als Sein einzustufen[7].

Persönliches Vertrauen wird im Lichte dieser Reflexivität zu einem wesentlichen Teil Vertrauen in Ausdrucksdisziplin und Takt[8]. In dieser Form ist es durchschaubar, ohne seine Funktion

---

[5] Die Dichotomie von Sein und Schein hatte im Denkzusammenhang der ontologischen Metaphysik eine spezifische Funktion, nämlich zu erklären, daß das in der Welt erscheinende Sein auch nicht sein kann, sich bewegen kann, vergehen kann, bloß möglich sein kann, obwohl das eigentliche Sein nicht nichtsein kann. Die erscheinende Welt wurde so mehr und mehr zum Schein, je weiter die Erkenntnis anderer Möglichkeiten fortschritt. Die Dichotomie verliert ihre Funktion und damit ihren Sinn, sobald man sich von der ontologischen Prämisse trennt, daß das Sein das Nichtsein ausschließe, und einräumt, daß alles anders sein könnte.

[6] Das berühmte Diktum von *W. I. Thomas*, eine Situation, die als real definiert werde, sei real in ihren Folgen, erfaßt dieser Sachverhalt zum Teil, aber nicht ausreichend. Nicht nur die (irrige) Auffassung einer Situation als real, sondern auch die soziologisch-reflexive Orientierung an dem Diktum von Thomas kann eine Situationsdefinition real werden lassen, sofern alle Beteiligten sich darauf verlassen, daß das Definieren im Sinne des Diktums funktioniert.

[7] In diesem Sinne auch *E. Goffman* 1959, S. 65 f. Vgl. ferner *F. J. Roethlisberger* und *W. J. Dickson* 1939, S. 276 ff., die dem Interviewer empfehlen, bei der Konfrontierung mit Selbstdarstellungen und sonstigen sozialen Identifikationen von der Wahrheitsfrage im Sinne einer Beziehung auf eine zugrundeliegende Realität abzusehen. Die gleiche Ausklammerung der naiv geglaubten Seinswirklichkeit findet man in dem methodischen Verfahren, das die transzendentale Phänomenologie „Reduktion" nennt. Siehe als umfassende Darstellung *E. Husserl* 1954. Auch damit ist letztlich die exklusive Seinsprämise der ontologischen Metaphysik durch das Prinzip der Reflexivität ersetzt.

[8] Auch *H. Garfinkel* 1963, S. 238, notiert, daß man sich eine vertrauen-

zu verlieren. Man kann sich, gerade wenn man die Darstellung des Partners als Darstellung durchschaut, abgewogener darauf einstellen und ist in der Lage, einzuschätzen, ob und bis zu welchen Grenzen sie fortgesetzt wird, welche Spannungen sie ertragen kann, ohne zusammenzubrechen, in welchen Rollenkontext sie gehört und in welchen nicht, und wo ihre Schwächepunkte liegen, die man nicht entblößen darf — es sei denn mit Absicht und unter Übernahme der Verantwortung für die Folgen. Und umgekehrt ist der durchschauende Takt des Partners, vor allem, wo er sozial institutionalisiert ist und erwartet werden kann, eine Garantie für die Sicherheit der eigenen Darstellung und erleichtert damit das Lernen eines gefühlsunabhängigen Selbstvertrauens. So ermöglicht durchschauender Takt als Vertrauensgrundlage eine ziemlich reibungslose Steuerung des sozialen Kontakts, ein Umsteuern von Peinlichkeiten oder persönlichen Empfindlichkeiten, ein Vermeiden von Zusammenbrüchen oder von emotional bedingtem Außerkontrollegeraten der Reaktion und mit all dem eine höhere Verläßlichkeit und Fortsetzbarkeit der Interaktion als Baustein größerer, komplexer Sozialsysteme[9].

Durchschauendes Vertrauen hat allerdings gegenüber spontanem Vertrauen einen erheblichen Nachteil: Es fordert vom Vertrauenden mehr Umsicht, mehr Überlegung. Er vertraut nicht direkt dem anderen Menschen, sondern er vertraut den Gründen, aus denen das Vertrauen „trotzdem funktioniert". Andere Möglichkeiten sind dabei ständig mitbewußt. Was das bedeutet, können wir uns klar machen im Hinblick auf die Funktion des Vertrauens, Komplexität zu reduzieren. Durchschauendes Vertrauen erfüllt diese Funktion weniger gut als spontanes Vertrauen. Es belastet den Handelnden stärker mit Komplexität und ist daher psychologisch schwieriger. Man wird es daher nur als Spitzenleistung unter besonders gesicherten, laufend sich bewährenden Umständen erwarten können, etwa als Verhaltensmodus einer einheitlich erzogenen höheren Gesellschaftsschicht, einer Beamtenbürokratie oder in speziellen Aktionsbereichen wie Politik oder Wirtschaft, deren Einwirkungen auf andere Lebensbereiche relativ gut kontrolliert werden können. Eine Ausbreitung des durchschauenden Vertrauens als allgemeine gesellschaftliche Attitüde wäre nur möglich, wenn und soweit es gelingt, personale und soziale Handlungssyste-

---

de bzw. eine vertrauenswürdige Person vorzustellen habe als jemanden, der die Diskrepanz von zugeschriebenen Einstellungen im Verhältnis zur Wirklichkeit bewältigen könne "in such a fashion as to maintain a public show of respect for them". Vgl. ferner die Beobachtungen über ein Vorrücken der Schamschwelle und der Peinlichkeitsgrenze im Prozeß der zivilisatorischen Entwicklung bei *N. Elias* 1939, insb. Bd. II, S. 397 ff.

[9] Hierzu auch *N. Luhmann* 1964, S. 358 ff., 371 f.

me zunehmend zu stabilisieren und in ihren Funktionsbedingungen durchsichtig zu machen.

Diese Überlegungen bestärken unsere Vermutung, daß persönliches Vertrauen unter Zivilisationsbedingungen zu einer Art von Systemvertrauen wird, zum Vertrauen in die Fähigkeit von Systemen, Zustände oder Leistungen innerhalb bestimmter Grenzen identisch zu halten. Auch andere Beispiele von Systemvertrauen zeigen dieses Merkmal des reflektierten Sicheinlassens auf Fiktionen, die funktionieren. Man vertraut zum Beispiel als Mitglied oder als Nichtmiglied auf die großen Organisationssysteme der Sach- oder Datenverarbeitung, obwohl man weiß, daß die Ziele dieser Systeme nicht die Ziele der in ihnen wirkenden Menschen sind, daß vielmehr alle Beteiligten auf komplexen, störanfälligen und im einzelnen nicht einsehbaren Umwegen motiviert werden müssen, Vierfruchtmarmelade, Versicherungsbescheide usw. zu erzeugen. Man vertraut in die Kaufkraft des Geldes, obwohl man weiß, daß der Wert des Geldes überzogen und bei den geldschöpfenden Instituten nicht durch einen entsprechenden Gegenwert gedeckt ist, sondern auf der erfahrungsgestützten Erwartung beruht, daß nicht alle zugleich ihr Geld in Sachwerte einlösen wollen[10]. Man verläßt sich darauf, daß der Staat die Macht hat, Frieden zu garantieren und Probleme zu entscheiden, obwohl man weiß, daß seine Zwangsgewalt dafür nicht ausreicht, wenn ein erheblicher Prozentsatz der Bevölkerung zugleich rebelliert oder die Anerkennung der Entscheidungen verweigert.

In all diesen Fällen ist es ein Stilmerkmal zivilisatorischen Vertrauens, daß es ein Moment der Reflexivität einschließt. Das Vertrauen bezieht sich nicht darauf, daß die Wahrheit über einen Gegenstand in ihren Grundzügen bekannt ist, sondern darauf, daß die Komplexitätsreduktion gelingt, daß die Übernahme des darin beschlossenen Risikos sich im sozialen Leben bewährt hat und dadurch zum Motiv wird, das sich weiter bewährt. Insofern bezieht sich das Vertrauen auf sich selbst, darauf nämlich, daß es in der Lage sein wird, seine Funktion weiter zu erfüllen. Und in dieser Form kann es mehr leisten, kann es mit weniger Einsatz an Wagnis mehr Unsicherheit absorbieren.

Sieht man schärfer hin, dann lassen sich mehrere verschiedene Formen des Vertrauens in Vertrauen unterscheiden, je nachdem, in welches Vertrauen man Vertrauen setzt. Der einzelne kann einmal seinem eigenen Vertrauen vertrauen, sowie er auch seine Gefühle fühlen oder über sein Denken nachdenken kann; er kann ferner darauf vertrauen, daß andere ihm vertrauen, und schließlich dar-

---

10 Eine Formulierung von *T. Parsons* 1964 c, S. 45, „The rational ground for confidence in money is that others have confidence in money ...", drückt diese Reflexivität treffend aus.

auf, daß andere in gleicher Weise wie er Dritten vertrauen. Je nachdem, welche Form gewählt wird, differieren Anwendungsmöglichkeiten, Risiken und Folgenprobleme.

Die ersten beiden Fälle gehören typisch in den Bereich des personalen Vertrauens. Ich kann meinem eigenen Vertrauen in einen anderen vertrauen, wenn ich meinem Vertrauen Motivkraft für den anderen beilege, wenn ich also durchschaue, wie es auf den Partner wirkt, daß ihm vertraut wird. Mit dieser Überlegung kann ich mir selbst ein zusätzliches Vertrauensmotiv verschaffen. Es ergeben sich daraus bei steigendem Risiko mehr Möglichkeiten, zu vertrauen. Oder ich kann fremdem Vertrauen in mich vertrauen. Das ermöglicht es mir, meine Handlungspläne auf fremdes Vertrauen zu stützen, sei es, um es zu enttäuschen, sei es, um mich selbst zu entlasten. Ich kann zum Beispiel eigene Vorsichtsstrategien der Selbstdarstellung abbauen, wenn ich sicher bin, daß der andere „es schon richtig verstehen wird", wenn ich ihn kritisiere, hänsele oder ärgere. Auch diese Potenzierung des Vertrauens ist, wie jede reflexive Prozeßstruktur, doppelt gefährdet, nämlich einmal dadurch, daß ich selbst plötzlich Zweifel bekommen kann, ob das Vertrauen des anderen wirklich soweit geht, wie ich annahm; oder dadurch, daß der andere, ohne daß ich es merke, sein Vertrauen in meine gute Absicht verliert und mein „nicht so gemeintes" Handeln die Beziehung zu untergraben beginnt. Andererseits sind die Vorteile solchen doppelten Vertrauens offensichtlich. Es ermöglicht Handlungen, die durch einfaches Vertrauen allein nicht zustandekommen könnten.

Während beim personalen Vertrauen Reflexivität Ausnahmeerscheinung ist, baut das Systemvertrauen darauf auf, daß andere auch vertrauen und daß diese Gemeinsamkeit des Vertrauens bewußt wird. Gewiß braucht im Einzelfall nicht bedacht zu werden, daß die Funktionsfähigkeit auf Vertrauen in Vertrauen *beruht*. Es scheint vielmehr, daß der Umgang mit Geld, mit Macht und mit Wahrheit als *Verhalten* gelernt wird, und daß die Reflexivität dieses Mechanismus und damit auch sein hohes Risiko typisch latent bleibt. Solche Latenz kann die Vertrauensbildung erleichtern und gegen unkontrollierbare Ängste — was geschieht, wenn plötzlich alle ihr Geld abheben wollen oder alle bewaffnet auf der Straße erscheinen? — abschirmen. Gleichwohl liegt die rationale Basis des Systemvertrauens im Vertrauen in das Vertrauen anderer. Das Aufdecken dieser Basis durch die soziologische Analyse vermag die Funktionsbedingungen dieser Art von Vertrauen durchsichtig zu machen und damit auch eine Art von latenter Unsicherheit zu beheben, die ein Sichverlassen auf undurchschaute Mechanismen typisch begleitet.

10. Vertrauen und Mißtrauen

Wer die Anschaffung eines Fernsehapparates überlegt und in ihren Vorteilen und Nachteilen gegeneinander abwägt, sieht normalerweise keinen Anlaß, auch die Vorteile und Nachteile der Nichtanschaffung eigens miteinander zu vergleichen. Das wäre dieselbe Liste mit umgekehrten Vorzeichen. Über Mißtrauen besonders nachzudenken, würde sich deshalb kaum lohnen, wenn es sich dabei nur um fehlendes Vertrauen handelte. Mißtrauen ist jedoch nicht nur das *Gegenteil* von Vertrauen, sondern als solches zugleich ein *funktionales Äquivalent* für Vertrauen[1]. Nur deshalb kann (und muß) man nämlich zwischen Vertrauen und Mißtrauen *wählen.*

Die qualitative Unterschiedlichkeit und funktionale Äquivalenz von Vertrauen und Mißtrauen klärt sich, sobald man auf die Funktion des Vertrauens achtet. Vertrauen reduziert soziale Komplexität, vereinfacht also die Lebensführung durch Übernahme eines Risikos. Fehlt die Bereitschaft dazu oder wird Vertrauen ausdrücklich verneint, um die Risiken einer voreiligen Absorption von Unsicherheit zu vermeiden, ist damit allein das Problem noch nicht gelöst. Die Funktion des Vertrauens bliebe so unerfüllt. Wer sich nur weigert, Vertrauen zu schenken, stellt die ursprüngliche Komplexität der Geschehensmöglichkeiten wieder her und belastet sich damit. Solches Übermaß an Komplexität überfordert aber den Menschen und macht ihn handlungsunfähig. Wer nicht vertraut, muß daher, um überhaupt eine praktisch sinnvolle Situation definieren zu können, auf funktional äquivalente Strategien der Reduktion von Komplexität zurückgreifen. Er muß seine Erwartungen ins Negative zuspitzen, muß in bestimmten Hinsichten mißtrauisch werden.

Diese negativen Strategien geben dem Mißtrauen jenes emotional gespannte, oft krampfhafte Naturell, das es vom Vertrauen unterscheidet. Ihr Repertoire reicht von der Definition des Rollenpartners als Feind, der bekämpft werden muß, über ein grenzenloses Ansammeln eigener Reserven für Notfälle bis zum Verzicht auf alle abschreibbaren Bedürfnisse. Kampfstrategien, Liquiditätsstrategien oder Verzichtsstrategien machen eine mißtrauische Lebensführung durchführbar und definieren ihre Situation so, daß

---

[1] Vgl. hierzu auch die Unterscheidung zweier Arten von Polarität bei *J. W. Thompson* 1963: convertible polarity liege vor, wenn die Negation des einen Pols zur Definition des anderen genüge; inconvertible polarity liege vor, wenn das nicht der Fall sei. Die Unterscheidung hat eine wichtige Warnfunktion, läßt aber die Frage offen, wie die nur negativ bestimmte inconvertible polarity konstruiert ist. Wir meinen für den hier untersuchten Fall: durch das Prinzip der funktionalen Äquivalenz.

in dem abgesteckten Rahmen zweckrational gehandelt werden kann. Dabei geht dann nicht selten das Bewußtsein des Mißtrauens verloren und die ihm zugeordneten Reduktionsstrategien werden als gewohnte Lebensauffassung, als Routine verselbständigt. Auch Mißtrauen leistet somit Vereinfachung, oft drastische Vereinfachung. Wer mißtraut, braucht mehr Informationen und verengt zugleich die Informationen, auf die zu stützen er sich getraut. Er wird von *weniger* Informationen *stärker* abhängig. Damit gewinnt die Möglichkeit, ihn zu täuschen, wiederum an Berechenbarkeit[2]. Dies gilt besonders, wenn das Mißtrauen auf positive Erwartung nachteiligen Handelns zugespitzt wird. Mißtrauen wird aber fast notwendig positiv bestimmt. Negativerwartungen sind für Mißtrauen zu komplex, weil sie weniger ausschließen. Entsprechend schwieriger und belastender sind hier Mißtrauensstrategien. Sie absorbieren die Kräfte dessen, der mißtraut, nicht selten in einem Maße, das wenig Raum läßt für unvoreingenommene, objektive Umwelterforschung und Anpassung, also auch weniger Möglichkeiten des Lernens bietet. Vertrauen ist demgegenüber psychologisch der leichtere Weg, und starke Motive, eine Beziehung mit Vertrauen zu beginnen, haben hier ihren Grund[3].

Diese Überlegungen zeigen zugleich Grenzen der Generalisierbarkeit von Vertrauen oder Mißtrauen zu allgemeinen Umwelteinstellungen an. Sicher gibt es in Persönlichkeiten ebenso wie in Sozialsystemen gelernte allgemeine Dispositionen, Problemlagen in Zweifelsfällen eher durch Vertrauen oder durch Mißtrauen aufzulösen. Sie erleichtern die Entscheidung zwischen den konträren Mechanismen. Andererseits ist eine thematische Generalisierung von Vertrauen oder Mißtrauen auf allen möglichen Sinn undurchführbar. Niemand kann nur Gutes oder nur Schlimmes erwarten — von jedermann in jeder Hinsicht. Die allgemeine, alltägliche Lebenseinstellung ist vielmehr mit der Bekanntheit der näheren Umwelt als Vertrautheit gegeben, als jene unthematische Einstellung fragloser Sicherheit in bezug auf das nicht eigens Bedachte und Gemeinte,

---

2 Hierzu anregend *E. Goffman* 1969, S. 3—81.

3 Entsprechendes gilt übrigens für einen sehr vertrauensrelevanten Tatbestand: die Aufrichtigkeit der Selbstdarstellung. Selbst dann, wenn die Darstellung des eigenen Wesens sehr kunstvollen Charakter hat und gelegentlich krumme Wege gehen muß, wird es für den Darsteller selbst zumeist einfacher sein, an seine eigene Aufrichtigkeit zu glauben. Im Hinblick darauf hält auch *P. L. Berger* 1963, S. 109, die Beobachtung fest, daß Unaufrichtigkeit ein Ausmaß an Selbstbeherrschung verlangt, das für die meisten Menschen und für die meisten Situationen zu hohe Anforderungen stellt. Auch insofern begünstigt das sehr geringe Vermögen des Menschen zur Erfassung komplexer Sachverhalte die Möglichkeit, daß menschliche Beziehungen sich auf die Basis Vertrauen — Aufrichtigkeit — Vertrauen einpendeln, obwohl gewisse Diskrepanzen von Sein und Schein überbrückt werden müssen.

die wir im 3. Kapitel erörtert haben. In bezug auf diese anonym konstituierte, vorausgesetzte Welt gemeinsamer Erfahrung gibt es weder Vertrauen noch Mißtrauen im eigentlichen Sinne. Weder Vertrauen noch Mißtrauen sind als universelle Einstellungen durchführbar. Das wäre zu riskant bzw. zu belastend. Beide Haltungen setzen voraus, daß das mögliche Verhalten anderer als *spezifisches Problem* bewußt wird. Man vertraut, wenn man davon ausgeht, daß dieses Verhalten sich in den eigenen Lebensführungsplan sinnvoll einfügen wird; man mißtraut, wenn man damit rechnet, daß dies nicht der Fall sein wird[4].

Man muß also außer Vertrauen und Mißtrauen auch Vertrautheit in Betracht ziehen — eine Vertrautheit mit der Welt, die Erwartungen typischen Stils überhaupt erst ermöglicht und die sich als ganze weder negieren noch ablehnen läßt. Selbst wer unter Weltangst oder Ekel schlechthin leidet, muß seine Tropfen einnehmen, seine Steuern zahlen, seine Zähne putzen, seinen Wagen zur Inspektion fahren und dabei Welt übernehmen. Die Abhängigkeit von vertrauten Weltstrukturen und Sinntypen ist unabwerfbar, sie wird jedoch gemildert durch eine gewisse Mobilität der Themen und Einstellungen in der Welt. Man hat die Möglichkeit, in bestimmten Hinsichten von vorgegebener Vertrautheit zu Vertrauen oder zu Mißtrauen, von Mißtrauen zu Vertrauen, von Vertrauen zu unproblematischer Vertrautheit überzugehen. Solche Bewegungen in der Welt ermöglichen es, verschiedene Strategien der Reduktion von Komplexität nacheinander oder in verschiedenen Hinsichten nebeneinander zu gebrauchen.

Mißtrauen kann sich demnach sowohl aus frageloser Vertrautheit durch plötzlich auftretende Unstimmigkeiten entwickeln — man hört in der Nacht ein unerklärliches Geräusch — als auch durch Umschlag des Vertrauens, wenn symbolisch diskreditierende Symptome wahrgenommen werden. Die Vorgeschichte wird für den Äußerungsstil, die Gefühlstönung und die Hartnäckigkeit des Mißtrauens bedeutsam bleiben. Auch wenn das Mißtrauen unmittelbar aus vertrauten Situationen entsteht, negiert es nicht die Vertrautheit schlechthin, sondern muß sich erst bestimmte Themen konstituieren, an die sich mißtrauische Erwartungen anknüpfen lassen.

Für die zeitliche Verteilung der verschiedenen Einstellungen (Vertrautheit, Vertrauen und Mißtrauen) ist die Existenz von *Schwellen* bedeutsam. Der Schwellenbegriff, der zunächst in der Wahr-

---

[4] Beide Haltungen beziehen sich demnach mit Hilfe der Vergangenheit auf die Zukunft. Undurchführbar scheint mir der Versuch von *L. Binswanger* 1953, S. 353 f., Vertrauen auf die Zukunft, Mißtrauen dagegen auf die Vergangenheit zu gründen. Vergangenheitsorientierung führt vielmehr zu Vertrautheit und kann, wenn die Zukunft problematisch wird, sowohl in Vertrauen als auch in Mißbrauch übergehen.

nehmungspsychologie entwickelt worden ist[5], sich aber seiner allgemeinen Funktion nach auf das Erleben schlechthin anwenden läßt[6], bezeichnet eine künstliche Diskontinuität, die den Erlebensbereich vor und nach der Schwelle egalisiert und dadurch vereinfacht. Eine Fülle möglicher Verschiedenheiten wird dadurch zu einem einzigen krassen Unterschied zusammengezogen und im übrigen in eine unterschwellige Latenz weggedrückt. In einem durch Schwellen geordneten Erlebensbereich kann man davon ausgehen, daß die Verhaltensgrundlagen konstant bleiben, mindestens, daß man sich Indifferenz gegen etwaige Unterschiede leisten kann, bis man die Schwelle überschreitet; und dann bringt ein kleiner Schritt große Veränderungen[7]. Solche Erlebensschwellen sind mithin ebenfalls Mechanismen der Reduktion von Komplexität auf relativ einfache Probleme: An die Stelle des übermäßigen Angebots an leicht unterschiedlich angetönten Erfahrungsmöglichkeiten tritt hier das Ersatzproblem des Erkennens der Schwelle, von der ab die Orientierung wesentlich anders wird. Und dies Problem ist leichter zu bewältigen.

Eine derartige Begrenzung durch Schwellen gehört zum Phänomen sowohl der Vertrautheit als auch des Vertrauens; denn es handelt sich in beiden Fällen um generalisierte Einstellungen mit weitgehender Indifferenz gegen zahlreiche Einzelheiten und leichte Abschattungen des Erlebens[8]. Nicht jede Unstimmigkeit weckt Zweifel an den vertrauten Zügen der Umwelt, nicht jede Enttäuschung zerstört das Vertrauen. Eben deshalb muß es aber eine Grenze geben, wo diese Absorptionskraft endet, wo Vertrautheit oder Vertrauen abrupt in Mißtrauen umschlagen. Nicht jede Erschütterung kann registriert und in ihrem Informationswert durchkalkuliert werden, und eben deshalb ist, wenn ein Verdacht aufkommt, die Wirkung zumeist überdimensioniert und geht weit über das hinaus, was dem konkreten Anlaß, der das Faß zum

---

[5] Vgl. im Anschluß an den von *Fechner* konzipierten Grundgedanken *W. Stern* Bd. 1, 1923, S. 353 ff. Bd. 2, 1923, S. 190 ff. Bd. 3, 1924, S. 301; ferner die reichhaltige Forschung zu diesem Problem im Rahmen der Gestaltpsychologie. Siehe z. B. *K. Koffka* 1935, passim; *W. Metzger* 1963, S. 114 ff. u. ö. Vgl. ferner die Bedeutung, die der Schwellenbegriff in der kybernetischen Systemtheorie *Ashbys* gewinnt, dadurch, daß er den Begriff der Teilfunktion definiert. Vgl. *W. R. Ashby* 1954, insb. S. 163.

[6] Bei dieser Generalisierung ist allerdings zu beobachten, daß Schwellen in Sozialsystemen typisch sehr viel unbestimmter sind als in Organismen. Das notiert auch *G. Vickers* 1959, S. 56.

[7] Vgl. hierzu *W. E. Moore* 1964, S. 334.

[8] Eine Anwendung des Schwellenbegriffs auf Vertrauensprobleme schlägt für den Bereich der wirtschaftswissenschaftlichen Konjunkturanalyse *P.-L. Reynaud* 1957 vor. Vgl. auch ders. 1962, S. 50 ff.

Überlaufen bringt, isoliert gesehen zugerechnet werden könnte. Die Generalisierung von Vertrautheit und Vertrauen, das Überziehen der jeweils vorhandenen Information, beruht auf der Festlegung von Grenzen, die Schwellencharakter haben und deren Überschreiten eine um so krassere Neuorientierung auslöst, die aufgestauten Spannungen mit einem Schlage entladend.

Schwenkt das Erleben von Vertrauen zu Mißtrauen über — und Ähnliches gilt im selteneren umgekehrten Fall — dann stellt der Mißtrauende sich in seinem Verhalten auf diesen neuen Erwartungsstil ein und macht seine Sinnesänderung damit sozial sichtbar. Das Mißtrauen wird im mißtrauischen Verhalten mitdargestellt. Zwischenmenschliches Verhalten wird nicht nur ad hoc erlebt, sondern auf zugrundeliegende „Einstellungen" interpretiert und zur Erwartensbildung benutzt, und so kann der Mißtrauische, ob er will oder nicht, kaum vermeiden, daß sein Mißtrauen ihm angesehen und zugerechnet wird. Feindselige Gefühle lassen sich schwer im Verborgenen bändigen, die Barrieren der Vorsicht, die nun nötig zu sein scheinen, verraten die Absicht.

Wer sich als Gegenstand solcher Mißtrauensäußerungen sieht, wird kaum geneigt sein, die Perspektive des Mißtrauens auf sich selbst anzuwenden und die Ursache dafür in sich selbst zu suchen. Das Mißtrauen bleibt ihm objektiv unerklärlich, und also rechnet er es dem Mißtrauenden zu. Er wird zunächst vielleicht mit Erläuterungen, mit Nachsicht, dann mit Vorsicht und schließlich selbst mit Mißtrauen antworten, sofern er die Beziehung überhaupt fortsetzt[9]. Er findet sich durch das ihm entgegengebrachte Mißtrauen von moralischen Bindungen entlastet, in die Freiheit eines Handelns nach eigenen Interessen versetzt, sofern er nicht gar das Bedürfnis fühlt, sich für unverdiente Behandlung zu rächen. Und dadurch gibt er dem Mißtrauen nachträgliche Rechtfertigung und weitere Nahrung.

Mißtrauen hat mithin eine inhärente Tendenz, sich im sozialen Verkehr zu bestätigen und zu verstärken — ein gutes Beispiel, ja vielleicht der Kern jener Vorgänge, denen *Merton* unter der Bezeichnung „self-fulfilling prophecy" einen klassischen Essay gewidmet hat[10]. Ihnen liegt gleichsam ein umgekehrtes feedback-Prinzip zugrunde: Ein falsch oder doch unsicher eingestelltes System bringt sich in ein Gleichgewicht mit einer Umwelt, und zwar nicht dadurch, daß es sich auf Grund seiner Wirkungen korrigiert, sondern dadurch, daß es sich in seinen Wirkungen bestätigt findet und dadurch neuen Ursachen Ansatzpunkte gibt[11]. Ein solcher

---

[9] Das bestätigen die Experimente mit gespieltem Mißtrauen, über die *H. Garfinkel* 1964, S. 233 ff., berichtet.

[10] *R. K. Merton* 1957, S. 421 ff.

[11] Dieser Gedanke findet eine Parallele in der von *M. Maruyama* 1963 skizzierten Theorie einer schöpferisch-differenzierenden Kybernetik. Sie

Verstärkungseffekt ist durch vielfältige Beobachtungen, namentlich im Organisationsmilieu[12], belegt. So hat besonders die Betriebsklimaforschung als eines ihrer wenigen „handgreiflichen" Resultate ergeben, daß Vertrauen und Mißtrauen Wirklichkeiten in einer Weise potenzieren, die schwer auf bestimmte Ursachen zurückzuführen ist[13]. Um so weniger wissen wir über seine Grenzen und seine möglichen Wendepunkte. Ohne solches Wissen bleibt aber die These einer „Tendenz" zur Bestätigung und Verstärkung von Mißtrauen eine unzureichend spezifizierte, kaum widerlegbare Behauptung.

Die Schwierigkeit hat ihren Grund darin, daß Vertrauen und Mißtrauen, wie wir sahen, symbolisch vermittelte, generalisierte Haltungen sind, die nicht mit spezifisch angebbaren objektiven Ursachen variieren, sondern durch subjektive Prozesse der vereinfachenden Erlebnisverarbeitung gesteuert werden. Und in der Vereinfachung, in der Reduktion von Komplexität liegt immer ein sprunghaftes, unberechenbares Moment. Wird die Frage des Vertrauens oder Mißtrauens akut, dann wird die Situation dadurch einerseits problematischer, komplexer, reicher an Möglichkeiten; und andererseits treten vereinfachende Prozesse der Reduktion, der Orientierung an wenigen prominenten Schlüsselerlebnissen in Funktion. Gegenstände und Ereignisse, die symptomatischen Wert zu haben scheinen, gewinnen besondere Relevanz und beherrschen die Auslegung anderer Umstände. Sie fesseln die Aufmerksamkeit. Sie werden zu „Gründen", zu „Beweisen" dafür, daß Vertrauen bzw. Mißtrauen gerechtfertigt sind. Da die objektive Situation zumeist Ansatzpunkte für beide Einstellungen enthält, entscheidet

---

geht von einem einfachen, undifferenzierten Zustand aus, in den durch Zufall ein erster, leichter Unterschied sich eingräbt. Dieser zieht dann andere Ursachen auf sich (z. B. Erosion; erste Ansiedlung in einer strukturlosen Ebene), wird so verstärkt, und daraus entsteht eine differenzierte Struktur, die nun ihrerseits durch die bekannten kybernetischen Prozesse der Stabilisierung komplexer Systeme erhalten wird.

[12] Siehe z. B. *A. W. Gouldner* 1954 b, S. 140 f.; *J. C. Worthy* 1959, S. 114 f.; *R. H. Guest* 1962, insb. S. 17 ff.; *R. Braibanti* 1963, S. 388 f. In der Industriesoziologie der Weimarer Zeit finden sich ähnliche Beobachtungen im Hinblick auf das durch den „Klassenkampf" geschaffene allgemeine Mißtrauen, das selbst wohlgemeinte Maßnahmen der Betriebsleitung ins Negative umdeutet. Siehe z. B. *Th. Geiger* 1929; *W. Jost* 1932, S. 63 f.

[13] So sieht z. B. *J. C. Worthy* 1959, S. 119 ff., in der Frage des Vertrauens bzw. Mißtrauens den Kern des Betriebsklima-Problems. Vgl. auch *H. R. Shepard* und *R. R. Blake* 1962, S. 90 f. Dadurch könnte sich auch erklären, daß und weshalb das Betriebsklima von der formalen Organisationsstruktur weitgehend unabhängig ist und sich bei gleichbleibender Struktur zum Beispiel durch Führungswechsel von Vertrauen zu Mißtrauen ändern kann oder umgekehrt. Vgl. *A. W. Gouldner* 1954 b; ders. 1954 a für den ersten und *R. H. Guest* 1962 für den zweiten Fall.

zunächst eine unbestimmte Vormeinung über die selektive Tendenz und die Richtung der symbolischen Fixierung — nicht selten der Zufall eines ersten Eindruckes[14]. Sie wählt die kritischen Variablen, die Beweise, die zählen, aus und definiert damit zugleich die Kriterien, deren Änderung in der objektiven Situation den Charakter eines Schwellenerlebnisses annimmt und den Übergang von Vertrauen zu Mißtrauen oder umgekehrt nahelegt[15].

Wo jeweils die Schwellen und Wendemarken liegen, welche Ereignisse Symbolwert haben und den Prozeß der Vertrauens- oder Mißtrauensbildung vorantreiben oder bremsen, ergibt sich demnach weniger aus Natur als vielmehr aus Geschichte. Man muß die Systemgeschichte kennen, die Geschichte der Selbstdarstellungen, die Bewährung von Prämissen und Symbolen der Erlebnisverarbeitung, von Angstdefensiven und Vereinfachungsmitteln, und ferner die Biographie der jeweiligen Situation, wenn man abschätzen will, wie stark Vertrauen und Mißtrauen sind, wie stark sie innendeterminiert oder an bestimmte Bezugsobjekte gebunden sind und durch welche kritischen Erfahrungen sie geändert werden können. Vermutlich wird man eine Art phänomenologische Psychologie des Alltagsverhaltens ausarbeiten müssen[16], um in dieser Frage zu einem brauchbaren Forschungsinstrumentarium und zu konkreteren Aussagen zu kommen.

Ungeachtet dieser Offenheit und Unsicherheit des Wissens im einzelnen läßt sich jedoch mindestens eine weitreichende systemtheoretische Hypothese formulieren: Ein soziales System, das mißtrauisches Verhalten seiner Teilnehmer für bestimmte Funktionen benötigt oder nicht vermeiden kann, braucht zugleich Mechanismen, die verhindern, daß das Mißtrauen überhand nimmt, daß es zurückgegeben wird und sich durch Prozesse wechselseitiger Steigerung ins Zerstörerische wendet. Vor allem muß es individuelle Verhaltensstrategien und sozial anerkannte, leicht verständliche

---

[14] Zur Bedeutung des ersten Eindrucks für die weitere Erwartungsbildung vgl. *Ch. A. Daily* 1952. Auch die Wirksamkeit entgegengesetzter Gesichtspunkte, die Bedeutung der letzten und der häufigsten Eindrücke, ist jedoch experimentell erwiesen. Siehe statt anderer *L. Postman* und *J. S. Bruner* 1952. Diese Widersprüche lehren, daß mehrere Möglichkeiten der Generalisierung und Stabilisierung von Erwartungen nebeneinander bestehen und daß vermutlich die konkreten Strukturen der Erlebnisverarbeitung in den beteiligten Systemen den Ausschlag geben.

[15] Unter diesem Gesichtspunkt sei nochmals auf das treffende Beispiel der Bedeutung des Wechsels des Vorgesetzten für den Umschlag des Betriebsklimas hingewiesen — siehe die Beobachtungen von *A. W. Gouldner* 1954 b und *R. H. Guest* 1962. Vgl. ferner *M. Pilisuk* und *P. Skolnick* 1968.

[16] Vgl. etwa *F. Heider* 1958; *H. Garfinkel* 1964; manche Forschungen aus dem Bereich des „symbolic interactionism" sowie vor allem die bereits mehrfach zitierten Veröffentlichungen von *A. Schütz*.

Typen geben, die vom System her gesehen „zufällige" oder unwesentliche Mißtrauensakte, also funktionslose Entgleisungen, abfangen und neutralisieren. Dazu dienen vor allem gewisse Formen der Darstellung oder der nachträglichen Erläuterung von Mißtrauensakten als unfreiwillige Handlungen, als sachlich interessierte Interventionen, als Fehler, als extern bedingte Störungen oder als aufgetragene Rollenpflichten — also Auslegungen, welche die Durchführung von mißtrauischen *Handlungen* ermöglichen, aber das Mißtrauen als *Einstellung* wegfingieren. Weiter sind Institutionen des Strafens, Büßens und Verzeihens hierherzurechnen. Sie haben viele Funktionen, darunter wesentlich die, Endzeitpunkte zu fixieren, mit denen eine Affäre abgeschlossen wird und dann keinen legitimen Anlaß zu Mißtrauen mehr bietet[17]. Ferner hat die Zentralisierung des Strafmonopols im System die Funktion, in „schweren" Fällen den Zirkel wachsenden Mißtrauens zu unterbrechen.
All solche Einrichtungen schieben die Schwelle des effektiven Mißtrauens etwas hinaus. Sie können natürlich weder das Entstehen noch das Anschwellen von Mißtrauen mit Sicherheit unterbinden; aber sie sieben zumindest zahlreiche unwesentliche Anlässe für eine solche Entwicklung aus. Sie mindern damit die Wahrscheinlichkeit, daß ein soziales System an wachsendem Mißtrauen unter seinen Teilnehmern sogleich zugrunde geht, und das kann für das System einen überlebenskritischen Zeitgewinn bedeuten — nämlich Gewinn der Zeit, die das System braucht, um Vertrauen zu lernen und Vertrauenskapital anzusammeln, mit dessen Hilfe es dann unempfindlicher wird und auch schwierigere Lagen überbrücken kann.

11. Vertrauensbereitschaft

Die vorangegangenen Überlegungen hatten sich vorwiegend mit den *systemexternen* Aspekten der Vertrauensbildung und Vertrauensnutzung befaßt und uns über Umweltbedingungen und mögliche Strategien des Vertrauens orientiert. Dieses Bild bliebe jedoch unvollständig, würden nicht auch die *systeminternen* Voraussetzungen der Vertrauensbildung in Betracht gezogen. Wir wenden uns nunmehr diesem Fragenkreis zu. Wie muß ein System intern organisiert sein, damit es in der Lage und bereit ist, Vertrauen zu schenken?

---

[17] *M. Deutsch* 1958, S. 273 f., spricht in diesem Zusammenhang von der Notwendigkeit einer „method of absolution".

Eine angemessene Behandlung dieses Themas würde den Entwurf vollständiger Systemtheorien für das personale und das soziale System erfordern. Die Voraussetzungen dafür können der Literatur nicht ohne Schwierigkeiten entnommen, geschweige denn im Rahmen dieser Studie gelegt werden. Wir müssen uns deshalb auf einige sehr kursorische Überlegungen beschränken, die den Anschluß der vorangegangenen Darlegungen an eine ins einzelne gehende Systemforschung vermitteln sollen. Die folgenden Aussagen sind daher im wesentlichen funktional orientiert und erlauben nicht ohne weiteres ein Urteil darüber, durch welche konkreten Strukturen und Prozesse bestimmte Systeme Vertrauen bilden können.

Eine allgemeine Lebenserfahrung lehrt, daß Menschen ebenso wie Sozialsysteme eher vertrauensbereit sind, wenn sie über innere Sicherheit verfügen, wenn ihnen eine Art Selbstsicherheit innewohnt, die sie befähigt, etwaigen Vertrauensenttäuschungen mit Fassung entgegenzusehen, ohne sie als nur vorstellbare Möglichkeit schon jetzt zur Handlungsgrundlage zu machen[1]. Diese Gleichung Selbstsicherheit = Vertrauensbereitschaft ist jedoch zunächst nichts weiter als eine begründungsbedürftige Vermutung und außerdem nicht viel mehr als eine Umformulierung des Problems. Denn was ist Selbstsicherheit?

Die ethische Darstellung des Vertrauens erweist sich gerade vor diesem Problem als unzureichend. Sie sucht eine Antwort auf die Frage, unter welchen Umständen man Vertrauen schenken *soll*, und kommt zu dem Ergebnis, daß im menschlichen Zusammenleben Vertrauenserweis ein ethisches Gebot sei, daß Vertrauen jedoch nicht blindlings geschenkt werden solle, sondern nur dort, wo es verdient sei[2]. Damit wird das Vertrauensproblem in ein Erkenntnisproblem abgewandelt, obwohl es doch gerade in der unzureichenden Erkenntnisfähigkeit seine Wurzel hat. Man könnte dieser „Lösung" daher auch die Fassung geben: Vertraue dort, wo es nicht nötig ist. Das eigentliche Problem ist aber das ungerechtfertigte Vertrauen, das sich selbst rechtfertigt und dadurch schöpferisch wird. In der Erkenntnisfähigkeit können demnach nicht jene inneren Vertrauensgrundlagen liegen, die wir suchen. An die Tatsache, daß man in einer überkomplexen Welt ohne zureichende Erkenntnis handeln und sich handelnd engagieren muß, hatten wir unsere Untersuchung der externen Vertrauensbedingungen angeknüpft. Wir übernehmen diesen Ausgangspunkt konsequenterweise daher auch als Bezugsproblem für die Analyse der internen Ver-

---

[1] In diesem Sinne wird nicht selten auch von „Selbstvertrauen" als Grundlage allen „echten" Vertrauens gesprochen — so z. B. *H. Hauke* 1956, S. 24 ff. Andererseits kann man ebensogut sagen, daß Selbstvertrauen nur gelernt werden kann, wo Vertrauen erwiesen wird — so z. B. *R. C. Kwant* 1965, S. 96.

[2] Vgl. die Hinweise oben Kap. 1 Anm. 2.

trauensbedingungen. Das besagt dann: Komplexität wird nicht nur durch externe, sondern auch durch interne Strukturen und Prozesse reduziert.

Die erkenntnisanaloge Behandlung des Vertrauensvorgangs — Vertrauen sei nur richtig, wo es sachlich gerechtfertigt ist — entspricht einem sehr verbreiteten Vorurteil: daß stabile Strukturen einer Person nicht auf unstabile Strukturen ihrer Umwelt gegründet werden könnten[3]. Dieses Vorurteil und entsprechende Auffassungen in der Theorie des Sozialsystems sind unvermeidlich, wenn man versucht, ein System kausal aus seiner Umwelt zu erklären; denn etwas Unstabiles kann nicht etwas Stabiles bewirken. So ignoriert man aber das System als System, als eine im Vergleich zur Umwelt höhere Ordnungsleistung. Gerade auf dem Gebiete der Stabilisierung von Erwartungen, in dem das Vertrauensproblem seinen Sitz hat, wissen wir durch viel diskutierte Experimente, daß unsichere Erwartungen sehr viel bestandsfester gelernt werden als sichere Erwartungen[4]. Sichere Erwartungen brechen zumeist schon mit der ersten Enttäuschung zusammen. Unsichere Erwartungen sind, so paradox das zunächst erscheinen mag, psychologisch stabiler. Bei ihnen wird nämlich das Gegenteil gleich miterwartet, ohne daß die Erwartung selbst deswegen aufgegeben würde. Sie wird normiert, stereotypisiert und so auf verschiedene Weise gegen Widerlegung immun gemacht. Enttäuschungserklärungen sind so in sie eingebaut, daß eine Enttäuschung im Einzelfall kein Problem bietet, sondern die Erwartungsstruktur insgesamt bestätigt[5]. Das Erwarten wird dadurch, daß es einen Widerspruch in sich hineinnimmt, gegen *äußere* Widerlegung abgesichert, muß dann aber *intern* diesen Widerspruch aushalten und verarbeiten können. Das Problem der Stabilisierung des Erwartens wird also aus der Umwelt in das System verlagert, weil dort andere, wirksamere Formen der Problemlösung zur Verfügung stehen.

Vertrauen ist nun nichts anderes als eine Art systeminterner „Aufhebung" eines solchen Erwartungswiderspruchs. Die Möglichkeit einer Enttäuschung wird nicht einfach ignoriert, sondern vorausgesehen und intern verarbeitet. Anders als bei unsicheren Erwartungen im allgemeinen wird die Fortsetzung des Erwartens im Enttäuschungsfalle jedoch nicht miterwartet und als Routineverhalten mit vorbereitet; vielmehr beruht die Sicherheit des Vertrauens gerade umgekehrt darauf, daß ein Bruch des Vertrauens dessen Entzug und damit eine radikale Änderung der Beziehung zur Folge haben muß. Die Enttäuschung wird nicht bagatellisiert,

---

3 Dazu und dagegen *M. Horwitz* 1956, S. 163.

4 Vgl. *L. G. Humphereys* 1939; *F. W. Irwin* 1944; *R. M. Stogdill* 1959, S. 68 ff.

5 Hierzu auch *N. Luhmann* 1972, Bd. I, S. 40 ff.

sondern im Gegenteil moralisch aufgebauscht zu einem Ereignis, das durch seinen Extremcharakter, durch seine besondere Schändlichkeit unwahrscheinlich ist.

Demnach besteht das Problem der Vertrauensbereitschaft nicht in einer Steigerung von Sicherheit unter entsprechender Minderung von Unsicherheit; es liegt umgekehrt in einer Steigerung tragbarer Unsicherheit auf Kosten von Sicherheit[6]. Diese Analyse bleibt freilich noch an der Oberfläche; denn es ist keineswegs gesagt, daß jede Person oder jedes Sozialsystem sich dieser verschiedenen Möglichkeiten bedient oder bedienen kann, um unstabile in stabile, aber gleichwohl unsichere Erwartungen zu transformieren. Um Unterschiede in dieser Systemleistung begreifen zu können, müssen wir nochmals zum Thema der „Selbstsicherheit" zurückkehren. Neuere gruppenpsychologische Vorstellungen über Vertrauensbildung setzen hier an und versuchen, Vertrauen durch Abbau defensiver Mechanismen und durch Substitution offenerer Sicherheitsgrundlagen im Gruppengespräch zu erreichen[7]. Dabei besteht jedoch über die innerpsychischen Vorgänge noch keine ausreichende Klarheit; sie werden in der Gruppenpsychologie und in der gruppentherapeutischen Praxis eher unterschätzt und nicht selten durch stark moralisierte Postulate über „gesunde" Persönlichkeiten ersetzt[8].

Selbstsicherheit als Vertrauensgrundlage ist in funktionaler Perspektive zurückzuführen auf das Vorhandensein interner Mechanismen der Reduktion von Komplexität. Vertrauen kann zustandekommen, wenn diese internen Reduktionsmechanismen so stabilisiert sind, daß sie komplementär zur Umweltreduktion wirken und diese dadurch an kritischen Stellen abzustützen in der Lage sind. Mit anderen Worten, Vertrauenserweise werden dadurch ermöglicht und erleichtert, daß das vertrauende System über strukturell nicht gebundene innere Ressourcen verfügt, die im Falle einer Enttäuschung des Vertrauens eingesetzt und die Last der Komplexitätsreduktion und Problemlösung übernehmen können.

Was müssen diese internen Mechanismen im einzelnen leisten? Und wie müssen sie beschaffen sein?

Die Komplexität der Welt in sachlicher und zeitlicher Hinsicht kann systemintern nicht „abgebildet" werden[9], denn dazu ist das System selbst nicht komplex genug. Ihr muß eine *Generalisierung*

---

[6] So für psychische Strukturen schlechthin *Garner* 1962, insb. S. 338 ff.

[7] Vgl. z. B. *J. R. Gibb* 1964; *M. Pilisuk* und *P. Skolnick* 1968.

[8] Siehe etwa *J. R. Gibb* 1964, S. 292. Die Verwendung von „gesund" als Chiffre für eine nicht mehr eingestehbare Moral wäre eine eigene Untersuchung wert.

[9] Eine Kritik dieser frühneuzeitlichen Abbildungstheorie des Vorstellens findet man in dem Essay „Die Zeit des Weltbildes" von *M. Heidegger* 1950, S. 69 ff.

des Problemlösungspotentials entsprechen, die sich ebenfalls in sachlicher und zeitlicher Hinsicht entfaltet, und zwar so, daß das System gegen sachliche und zeitliche Unterschiede in gewissen Grenzen indifferent bleiben kann. Es muß sich also um eine Kapazität handeln, die auf sachlich verschiedenartige Probleme angewandt werden kann, welche im einzelnen nicht vorausgesehen werden können. Sie erspart dann diese Voraussicht. Und sie muß und kann wegen dieser sachlichen Generalisierung auch zeitlich generalisiert werden in dem Sinne, daß sie schon jetzt gesichert erscheint, obwohl sie erst in der Zukunft zu noch unbestimmten Zeitpunkten je nach Bedarf zum Einsatz kommt. Das innere Wissen um die Verfügbarkeit solcher Ressourcen dient dann als Äquivalent für Gewißheit auf Grund von Umweltinformationen. Es macht Voraussicht in den Grenzen seiner Reichweite unnötig, da es Gewißheit gewährt, daß Probleme sich lösen lassen, wann immer und in welcher Form sie auftreten werden. Die beiden wohl wichtigsten Beispiele für solche systeminternen Generalisierungen psychologischer Systeme, Gefühlsfixierung und Selbstdarstellungssicherheit, sollen diesen Gedanken verdeutlichen helfen.

Einer der elementarsten Mechanismen der Komplexitätsreduktion ist die Stabilisierung einer Gefühlsbeziehung zu bestimmten Objekten oder Menschen. Solche Beziehungen haben ihr Prinzip der *Generalisierung* von Erwartungen gerade in der *Individualität* ihres Gegenstandes. Dessen vertraute Bekanntheit ordnet und sichert die Erwartungsbildung. Gefühle schließen prinzipiell alle Aspekte ihres Gegenstandes ein — wie verschieden sie auch sein und wann immer sie sich enthüllen und ändern mögen. Sie motivieren einen Kräfteeinsatz für noch unbestimmte Situationen und setzen einen entsprechenden, anderweitig nicht festgelegten Kräftevorrat voraus. Gefühle sind im Sinne der Parsonsschen pattern variables[10] „partikular“, „qualitativ“ und „diffus“ orientierte Einstellungen. Sie schließen alle anderen Gegenstände aus oder stellen sie doch vergleichsweise zurück, selbst wenn sie in einzelnen Hinsichten gleiche oder bessere Leistungen aufweisen. Damit fixieren sie eine sehr weitgehende sachliche und zeitliche Indifferenz, eine Unempfindlichkeit für andere Dinge, die für alle Miterlebenden erstaunlich bleibt, wenn sie das Gefühl nicht teilen.

Gefühle vollziehen — das ist ihre Kraft und ihre Schwäche — im gleichen Zuge externe und interne Reduktion. Sie reduzieren die Möglichkeiten der Umwelt durch Präferenz für einen Gegenstand und legen damit zugleich die internen Möglichkeiten der Erlebnisverarbeitung im selben Sinne fest. Das fühlende System, so sagt man auch, „identifiziert“ sich mit seinem Gegenstand. Weder außen noch innen Alternativen übriglassend, sind Gefühle unelastisch, fi-

---

[10] Vgl. *T. Parsons* und *E. A. Shils* (Hrsg.) 1951, S. 76 ff.

xiert, unübertragbar. Sie können nur durch Zerbrechen und Neubildung umgeordnet werden. Jeder Zusammenbruch der Gefühlsbeziehung würde die erdrückende Komplexität der Welt wiederherstellen. Im Hintergrund des Gefühls lauert daher die Angst und motiviert die Fortsetzung der Gefühlsbeziehung, wenn sie sich irgend bewährt. Gefühle suchen sich nach Möglichkeit gegen Widerlegung zu immunisieren. Liebe und Haß machen blind.

Diese allgemeine Struktur der Gefühlsbeziehungen zeigt bereits, daß es sich um ein generalisiertes Medium der Problemlösung, um ein Gewißheitsäquivalent handelt von der Art, wie wir sie als Grundlage der Vertrauensbereitschaft suchen. Positive Gefühlsbeziehungen zwischen Menschen sind denn auch ohne Vertrauen auf die Dauer kaum durchzuhalten. Sie führen, wie der Eifersuchtskomplex illustrieren kann, in einen unstabilen Zustand, der das Gefühl ruiniert, aber häufig nicht ersetzen und daher auch nicht loswerden kann. Darüber hinaus bilden Gefühle eine Grundlage für ein Sicheinlassen auf Vertrauensbeziehungen zu anderen Menschen, auf die das Gefühl selbst sich nicht erstreckt. Gefühlsmäßige Einbettung in einen Menschenkreis, eine Heimat, eine Rollenkonstellation mit Aufgaben und Pflichten, geben einen Rückhalt für die Anbahnung von Vertrauensbeziehungen auch außerhalb dieses engen Kreises. Die Gefühlsfixierung des Kleinkindes in seiner Familie ist zum Beispiel die Grundlage für das Lernen von Vertrauen schlechthin. Und so kann denn auch die Vertrauensbereitschaft als gewohnte und bewährte Einstellung fortleben, wenn die Gefühle, denen sie ihr Dasein verdankt, längst verblaßt sind.

Eine mobile, hochdifferenzierte Sozialordnung kann sich mit dieser Vertrauensgrundlage allein indes nicht begnügen. Einerseits individualisiert sie das Gefühl in bezug auf Subjekt und Objekt, macht es in seiner Einmaligkeit bewußt und damit zum Gegenstand eines reflektierten Genusses, dem es an Selbstverständlichkeit fehlt. Andererseits mobilisiert sie die Individuen und begünstigt daher universeller verwendbare Grundorientierungen, deren Anpassung nicht mit so hohen Kosten verbunden ist.

Schließlich entrückt sie die Bezugsobjekte des Vertrauens mehr und mehr der einfühlbaren Nähe. Sie fordert zunehmend Vertrauen für Systeme, für die man nichts fühlen kann. Unter diesen Umständen ist ein Bedarf für funktional äquivalente Problemlösungsmechanismen zu erwarten, die das Gefühl als Vertrauensbasis teils ersetzen, teils auf zunehmend private Funktionen zurückdrängen. Eine solche Alternative, die *Sicherheit der sozialen Selbstdarstellung*, scheint im Prozeß der zivilisatorischen Entwicklung an Bedeutung zu gewinnen.

In ihrer Selbstdarstellung streben, wie bereits ausgeführt[11], Per-

[11] Vgl. oben S. 40 ff., 66 ff.

sonen und Sozialsysteme danach, ein konsistentes Bild von sich selbst zu entwerfen und zu sozialer Geltung zu bringen. Da auch andere Menschen und Sozialsysteme ein Interesse daran haben, in bezug auf ihre Umweltpartner verläßliche Erwartungen aufzubauen, sie also als fortbestehende Identitäten zu erleben, bildet sich im sozialen Verkehr eine Art Ausdruckssprache aus, die es erlaubt, Handlungen auf Menschen oder auf Sozialsysteme zuzurechnen, und zwar nicht nur kausal, sondern auch symbolisch: als Ausdruck ihres Wesens, ihres Selbst[12]. In diesem Medium symbolischer Darstellungen bewegen die beteiligten Systeme sich mit mehr oder weniger großer Sicherheit — einer Sicherheit, die mißverständlich oft auch „Selbstvertrauen" genannt wird. Denn Selbstdarstellung ist schwierig, von inneren Widersprüchen, Fehlern, nicht mitdarstellbaren Fakten und Informationen bedroht; sie bedarf daher erheblicher Ausdrucksvorsicht auf der einen und taktvoller Kooperation des Zuschauers auf der anderen Seite. Nicht selten kommt es zu heiklen oder gar peinlichen Situationen, in denen es offenkundig zu werden droht, daß das dargestellte Selbst nicht das wirkliche Selbst ist. Wer dann die Fassung verliert, ist verloren. Seine Selbstdarstellung bricht — zumindest im Verhältnis zu den jeweiligen Zuschauern — zusammen. Wer dagegen die Fassung bewahrt, kann sich auf verschiedene Weise retten: durch eine Wendung in Humorvolle, durch offenes Zugeständnis mit rückwirkender Umdeutung der Selbstdarstellungsgeschichte, durch Bagatellisieren, durch Ignorieren mit Hilfe von durchschauender, aber das Durchschauen nicht darstellender Kooperation der Zuschauer, durch Erklärung des Vorfalls als Ereignis ohne Ausdruckswert, zum Beispiel als von außen verursachte „Störung".

Die innere Sicherheit, in allen Situationen den Selbstdarstellungsanforderungen gewachsen zu sein und auch in verfahrenen Lagen immer noch einen gangbaren Ausweg zu wissen, ist eine jener inneren Ressourcen, die als Grundlage für Vertrauensbereitschaft dienen. Denn auch Vertrauenserweis ist ein Akt der Selbstdarstellung. Wer vertraut, stellt sich als einer dar, der seinem Wesen nach geneigt ist, Vertrauen zu schenken. Wenn sich nun das Vertrauen als deplaciert herausstellt, ist der Vertrauende nicht nur enttäuscht, sondern unter Umständen auch blamiert. Es wird nun offensichtlich, daß er zu dumm war, um die Situation zu durchschauen, daß er sich ausnutzen ließ — ein Opfer jener zweideutigen Ethik, die besagt, daß man vertrauen solle, aber nicht blindlings. Nun kommt es auf Übung und Geschick in der Selbstdar-

---

[12] Diese beiden Aspekte der kausalen und der symbolischen Zurechnung lassen sich natürlich nicht völlig trennen, da auch die Kausalzurechnung durch vorausgesetzte Wesensidentitäten dirigiert wird, die symbolisch konstituiert sind. Vgl. dazu *F. Heider* 1944.

stellung an [13]; und gewiß wird am Anfang leichter geneigt sein, Vertrauen zu schenken, wer von vornherein sicher ist, daß seine Selbstdarstellung im Enttäuschungsfalle nicht tangiert sein wird oder doch ohne erheblichen Schaden wieder flottgemacht werden kann.

Vergleicht man Selbstdarstellungssicherheit mit gefühlsmäßigen Fixierungen, dann fällt ihre größere Beweglichkeit ins Auge. Ihr Prinzip der Generalisierung liegt nicht in der Identität eines Gegenstandes, sondern in der Identität des dargestellten Selbst. Dieses Selbst hat gegenüber seiner Umwelt selektive Interessen. Es kann Situationen und Attribute seiner Darstellung wechseln und sich vom Schicksal konkreter Objekte in der Umwelt unabhängig machen. Nicht das Verschmelzen von Außen und Innen in der gefühlsmäßigen Identifikation ist die Reduktionsweise der Selbstdarstellung, sondern Trennung und Grenzerhaltung. Die Grenzerhaltung wird durch Kontrolle aller Informationen über das Selbst geübt, die das System verlassen. Deshalb kann das dargestellte Selbst mit einer komplexeren Umwelt harmonieren, also vielfältigeres Vertrauen erweisen als das gefühlsmäßig gebundene Selbst, und dies nicht etwa im Sinne einer ungehemmten Angleichungsbereitschaft, sondern gerade umgekehrt im Sinne einer Distanzierung, einer weitreichenden Indifferenz und Substitutionsbereitschaft, also strategisch rationaler Einstellungen, die in einer hochgradig mobilen, stark differenzierten Sozialordnung gedeihen.

Die Quellen solcher Darstellungssicherheit können sehr verschiedenartig sein: Phantasie und Reaktionstempo als Anlagen; geburtsmäßiger Status, Erziehung, Übung und Erfolg als Schicksal; verständnisvolle, sensible, gleichgesinnte Partner oder unterlegene Gegner als Umweltbedingung[14]. Für die Darstellung sozialer Systeme kommt vor allem die Institutionalisierung dessen hinzu, was *Goffman* „teams“ nennt[15]. Sicher gibt es mehrere „äquifinale“[16] Wege, jenen Zustand zu erreichen, so wie es auch sehr verschie-

---

[13] Und auf die Hilfe anderer, ja sogar auf die Hilfe des Betrügers selbst. Unter diesem Gesichtspunkt beleuchtet *E. Goffman* 1952 Enttäuschungssituationen.

[14] Ob man, darüber hinausgehend, höheren Status schlechthin als Grundlage für Vertrauen ansehen kann, erscheint fraglich. Im Bereich des politischen Systems bestätigen amerikanische Untersuchungen, daß Inhaber eines höheren sozialen Status ein günstigeres Bild der führenden Persönlichkeiten ihres politischen Systems besitzen, und zwar in bezug auf Politiker ebenso wie in bezug auf Verwaltungsbeamte. Siehe *R. E. Agger* u. a. 1961 und *M. K. Jennings* u. a. 1966. Diese Feststellungen werden sich indes kaum auf jede Art von Vertrauen ausdehnen lassen.

[15] *E. Goffman* 1959, S. 77 ff. Vgl. auch *N. Luhmann* 1964, S. 314 ff. über Kollegialität.

[16] Ein Begriff aus der allgemeinen Systemtheorie von *L. von Bertalanffy* 1949, S. 127 ff.

denartige Persönlichkeitskonstellationen gibt, die einer im Effekt ähnlichen Gefühlsfixierung zugrundeliegen können. An diesem „offenen" Verhältnis von Funktion und Struktur scheitern lineare Kausalerklärungen durch einzelne Faktoren.

Andererseits finden sich in diesen verschiedenartigen äquifinalen Ursachenkonstellationen vermutlich verschiedenartige Ansätze für eine soziale Kontrolle des Vorgangs, die je verschiedenen gesellschaftlichen Gruppen Einfluß darauf geben. Darstellungssicherheit auf Grund elitärer Erziehung hat vermutlich einen anderen Stil und eine andere Risikobereitschaft als die Schlagfertigkeit eines Debatten gewohnten, Hintergründe kennenden Kommunalpolitikers oder die nur rollenspezifische Unverwüstlichkeit eines Handlungsreisenden; die Gewißheit, nie einen faux pas zu begehen und deshalb jede Störung einem anderen zurechnen zu können, ist etwas anderes als die Gewißheit, nie um Erklärungen oder Ausreden verlegen zu sein. Man darf vermuten, daß der Stil sozialer Interaktion in einer Gesellschaft und damit auch die konkrete Richtung ihrer Vertrauensbereitschaft sehr wesentlich mitbestimmt wird durch diejenigen sozialen Kräfte, welche die inneren Quellen des Vertrauens beeinflussen, indem sie mögliche Ausdrucksbahnen für Gefühle und Chancen, für erfolgreiche Selbstdarstellung eröffnen.

Mag nun die Vertrauensbereitschaft mehr durch Gefühl oder mehr durch Flexibilität der Selbstdarstellung erreicht werden, sie beruht in jedem Falle auf der *Struktur* des Systems, das Vertrauen schenkt. Nur dadurch, daß die Sicherheit des Systems strukturell gewährleistet wird, ist es möglich die Sicherheitsvorkehrungen für einzelne Handlungen in konkreten Situationen herabzusetzen. Vertrauensbereitschaft ist ein wichtiger Fall der allgemeinen Regel, daß die Absorption von Komplexität durch Strukturen das Handeln entlasten kann.

Bisher haben wir die Frage der Vertrauensbereitschaft diskutiert unter der Annahme, daß das Zustandekommen von Vertrauen davon abhänge, ob ein System bereit und in der Lage sei, Vertrauen zu bilden. Das war die Perspektive dieses Kapitels, die wir am Schluß modifizieren und als Variable entlarven müssen.

Im Kapitel über Systemvertrauen hatten wir bereits Formen relativ zwangsläufiger Vertrauensbildung kennengelernt, die in hohem Maße indifferent gegen individuelle Motivstrukturen funktionieren müssen und auch nicht von außen, sondern intern in den Systemen, die Vertrauen erfordern, kontrolliert werden. Ihre Funktionssicherheit und auch die Möglichkeit, Vertrauen in Vertrauen zu bilden, hängt von dieser Indifferenz ab. Damit tritt auch die Frage nach den Strukturen und Prozessen der Systeme, die das Vertrauen erweisen, zurück und verliert an Bedeutung. Auf die Bereitschaft, Vertrauen zu schenken, kommt es nicht so sehr an.

Die vertrauenden Systeme sind gleichsam von der Verantwortung für ihr Vertrauen entlastet.

Zieht man diese Möglichkeit mit in Betracht, dann erhellt, wie komplex und variantenreich insgesamt die sozialen Bedingungen der Vertrauensbildung sind. Sie laufen teils über die Strukturen des Systems, das Vertrauen schenkt; teils treten sie ihm von außen entgegen. Im ersteren Falle handelt es sich vornehmlich um soziale Bedingungen für Gefühlsausdruck oder erfolgreiche Selbstdarstellung — um ein soziales Klima etwa, das persönliche Bindungen wie Liebe oder Treue honoriert und nicht, wie in der Figur des betrogenen Ehemannes, dem Spott preisgibt; das Takt institutionalisiert und für Störungsfälle genug Auswege der Selbstdarstellung kennt. Auf diese Weise werden Systemstrukturen für Vertrauen gestärkt. Im anderen Falle werden Systemstrukturen durch Vorsorge ihrer Umwelt davon entlastet, die Ungewißheit über ihr Engagement selbst absorbieren zu müssen — sei es, daß ihnen wie im Falle des Systemvertrauens die Wahlmöglichkeiten eingeschränkt oder wegsuggeriert werden und das Vertrauen in laufender Interaktion kurzfristig bestätigt wird; sei es, daß hinreichend dicht gesetzte Sanktionsmöglichkeiten für den Fall des Vertrauensbruches vorgesehen sind, die das Risiko des Vertrauenden verkleinern.

Angesichts dieser Vielfalt von Wegen der Vertrauensbildung verbietet es sich von selbst, nach allgemeinen Rezepten zu suchen. Vielmehr drängt sich die Einsicht auf, daß gerade in dieser Vielfalt von Möglichkeiten ein gewisser Schutz gegen das gesellschaftliche Versagen des Vertrauens liegt. Auf die eine oder die andere Weise wird Vertrauen gebildet. Und vielleicht müssen hochdifferenzierte Gesellschaften, die mehr Vertrauen zur Reduktion ihrer Komplexität benötigen als einfache, auch entsprechend mehr verschiedenartige Mechanismen der Bildung und Stabilisierung von Vertrauen bereithalten, also die Vertrauensbereitschaft ihrer Systeme stärker in Anspruch nehmen und zugleich stärker entlasten, als dies in einfachen Gesellschaften der Fall ist.

12. Rationalität von Vertrauen und Mißtrauen

Die Ethik hatte die Frage, ob Vertrauen vernünftig, richtig und moralisch geboten sei, zwar gestellt, aber nicht entscheiden können. Eine Vorliebe für Vertrauen wird in den oben zitierten[1] Äußerungen erkennbar, aber sie vermag sich nicht uneinge-

[1] Kapitel 1 Anm. 2.

schränkt zum Ausdruck zu bringen. Es gibt offensichtlich Fälle, in denen Vertrauen, und andere Fälle, in denen Mißtrauen angebracht ist. Dies kann vernünftigerweise nicht bestritten werden. Daraus folgt, daß Vertrauen keine ausnahmslos gültige Verhaltensmaxime sein kann. Die Ethik mußte deshalb voraussetzen, daß sich aus den objektiven Merkmalen der Situation, aus ihrem gemeinsamen menschlichen Verständnis ergibt, ob man in einzelnen Hinsichten Vertrauen schenken solle oder nicht. Selbst wenn also ein allgemeines Vertrauensgebot als Prinzip formuliert wird, muß die Entscheidung, ob es befolgt werden soll oder nicht, delegiert und der Situation überlassen werden. Und es muß dazu noch unterstellt werden, daß die Situation, daß insbesondere das Vertrauensobjekt genügend objektive Merkmale aufweist, die als Urteilsgrundlage für die Vertrauensbildung dienen können und die für alle Menschen gleichen Sinn und gleiche Vertrauensrelevanz besitzen. Nur dank dieser Grundannahmen, die auf eine vielgestaltige, mit Bosheit und Trug durchsetzte, aber doch sozial objektivierte, feststehende Welt hinauslaufen, war der ethische Stil der Problembehandlung sinnvoll.

Man könnte bei der alten Auffassung bleiben, daß diese Art der Problembehandlung von ihrem Thema bestimmt und insofern richtig sei. Mehr Präzision zu verlangen, als der Gegenstand hergibt, wäre unvernünftig und führte zu irrigen, überzogenen Abstraktionen. Dieses langbewährte Argument ist im Direktangriff nicht zu widerlegen. Aber damit ist noch nicht ausgemacht, welchen Erkenntniswert es hat, ob es überhaupt auf die richtige Frage antwortet, von welchen Prämissen es ausgeht und vor allem, wie es um die Struktur der Sozialordnung steht, die es in seinen Prämissen voraussetzt.

Ein moralisches Prinzip, das sein Gegenteil miterlaubt, ist auf einhellig und eindeutig auslegbare Anwendungssituationen angewiesen, in denen sich verbindlich klären läßt, ob das Prinzip oder sein Gegenteil zum Zuge kommt. In dem Maße, als es an solchen Auslegungssituationen fehlt, verliert das Prinzip seinen Orientierungswert und seine normative Funktion. Es kann dann jede Entscheidung begründen. Der Normcharakter solcher Maximen kommt mithin nur zur Geltung, wenn und soweit soziale Situationen erwartet werden können, in denen sachliche und soziale Komplexität schon weitgehend reduziert ist. Das kann in einer relativ einfachen sozialen Lebenswelt der Fall sein oder auch in ziemlich stark regulierten Teilbereichen einer komplexeren Wirklichkeit — etwa in den Bereichen des Rechts oder der Organisation[2]. Ver-

---

[2] Gutes Anschauungsmaterial für unser Problem findet man daher in der Diskussion über „Logik" und Rationalität der juristischen Argumentationsweise — siehe allgemein *T. Viehweg* 1965 oder direkt zum Thema *L.*

trauen wird jedoch typisch gerade dort in Anspruch genommen, wo andere Mittel der vereinfachten Orientierung und Absicherung des Handelns versagen. Nimmt man hinzu, daß die soziale Welt im allgemeinen heute viel zu komplex ist, um, von einigen Reservaten abgesehen, eine Prinzipien-Ethik als Handlungstheorie zu vertragen, dann wird fragwürdig, ob wir den ethischen Stil der Gedankenführung weiterhin auf das Vertrauensproblem anwenden sollen. Besonders das Tieferlegen der Sozialdimension durch Sozialpsychologie und Phänomenologie, die Einsicht in das Mitfungieren sozialer Beziehungen bei allem Erleben, läßt es zweifelhaft erscheinen, ob eine Ethik, die über richtiges persönliches Entscheiden unterrichten will, für unser Problem der Rationalität des Vertrauens zureicht[3].

Wenn nicht, muß die Rationalität von Vertrauen oder Mißtrauen erneut und in anderer Weise als Problem gesehen werden. Dazu muß man zunächst herausfinden, wo der Angelpunkt der Problematik, der Kern der Schwierigkeiten liegt. Offensichtlich ist die soziale Wirklichkeit viel zu stark differenziert, als daß sie auf eine einfache und doch instruktive ethische Maxime für Vertrauensentscheidungen abstrahiert werden könnte. Das Problem der Handlungsorientierung und -anweisung muß mit sehr viel differenzierteren Mitteln gelöst werden. Die Wissenschaften vom menschlichen Handeln können sich nicht länger die Illusion machen, dem Handelnden unmittelbar, wenngleich nur in verschwommenen Grundzügen, sein richtiges Handeln vorzustellen, ihm zu sagen, was er tun solle. Wissenschaftlich-analytische und praktisch-orientierende Perspektiven müssen stärker auseinandergezogen und bewußt verschieden ausgearbeitet werden. Eine solche Stilverschiedenheit theoretischer Analysen und praktischer Informationsverarbeitung ist kein Hindernis, vielmehr gerade die Grundlage für eine sinnvoll-arbeitsteilige Zusammenarbeit von Theorie und Praxis an der gemeinsamen Bewältigung einer überaus komplexen Umwelt.

S. Miller 1965, und in der ähnlich gelagerten Kontroverse über den Sinn von „Organisationsprinzipien", die namentlich *Simon* ausgelöst hat — siehe *H. A. Simon* 1946, und als bewahrende Stellungnahme z. B. *L. Urwick* 1948. In diesen beiden Fällen haben die Verteidiger von Prinzipien, die ihr Gegenteil miterlauben, eine verhältnismäßig gute Position, weil sie von sozialen Situationen ausgehen können, die eingehend geregelt und deshalb nicht übermäßig komplex sind, so daß auch Prinzipien, die keine eindeutigen Verhaltensinstruktionen geben, sich von Fall zu Fall doch mit hinreichender Sicherheit handhaben lassen.

[3] Daß die Ethik nicht mehr wie früher diejenige Disziplin sein kann, in der die Probleme des menschlichen Zusammenlebens grundlegend erörtert werden, wird heute vielfach gesehen. Vgl. z. B. *K. Löwith* 1962, S. 2, und *R. C. Kwant* 1965, z. B. S. 48 ff.

Sieht man das Verhältnis von Theorie und Praxis in diesem Sinne bezogen auf das Problem der Komplexität, dann liegt es nahe, das Problem im Unterschied der Selektionsweisen zu vermuten und so auf eine Formel zu bringen[4]. Eine brauchbare Trennung bietet dann die Unterscheidung von Systemperspektive und Handelnsorientierung, die sich in der neueren Wissenschaftsentwicklung anzubahnen scheint. Psychologie und Soziologie sind mit starken theoretischen Tendenzen auf dem Wege, zu Wissenschaften von persönlichen bzw. sozialen Handlungssystemen zu werden — zu Wissenschaften, die in ihre Systemtheorie unbewußte, latente, der Handlungsorientierung inkongruente Perspektiven einbeziehen, die vergleichende Forschungen ermöglichen, strukturelle Widersprüche in Systemen anerkennen und die in all dem ein Potential für Komplexität erreichen, das den Handelnden-in-einer-Situation weit überfordert. Andere Wissenschaften, die präskriptive Zielsetzungen verfolgen, müssen sich unter dem Druck dieser Ausweitung des Blickfeldes mit strengerer Spezialisierung und schärferem Problembewußtsein in Theorien der rationalen Reduktion von Komplexität, in Entscheidungstheorien, verwandeln. Sie erstreben in ihrer Endform die Ausarbeitung und Bewährung von Kalkülen, die der Handelnde in vorbestimmten, modellhaft durchkonstruierten Situationen anwenden kann, ohne die funktionalen Zusammenhänge seines Verhaltens fallweise neu durchdenken und mitentscheiden zu müssen. Er muß dann voraussetzen können, daß ihm Systemstrukturen und Entscheidungsprogramme diesen Teil der Arbeit bereits abgenommen haben, daß, mit anderen Worten, die soziale Welt organisiert ist.

Worauf bezieht sich nun in einer solchen Ordnung der Probleme das Urteil „rational", und worauf bezieht sich das Vertrauen?

Wollte man den Rationalitätsbegriff der Entscheidungstheorien, sei es den der Zweckrationalität, sei es den der Optimalität, zum Maßstab wählen, würde man von vornherein in einen zu engen begrifflichen Bezugsrahmen geraten, der dem Tatbestand des Vertrauens nicht gerecht werden kann. Vertrauen ist kein auswählbares Mittel zu bestimmten Zwecken und erst recht keine optimierungsfähige Zweck/Mittel-Struktur. Vertrauen ist auch keine Prognose, deren Richtigkeit am Eintreffen des vorausgesagten Geschehens gemessen und nach einigen Erfahrungen auf Wahrscheinlichkeitswerte gebracht werden könnte. Derartige im Rahmen von Kalkülmodellen des Entscheidens sinnvolle Techniken haben, wie das Vertrauen auch, die Funktion, Komplexität zu reduzieren. Sie sind funktionale Äquivalente des Vertrauens, nicht aber Vertrauensakte im eigentlichen Sinne. Soweit sie reichen, ist Vertrauen unnötig. Sie können Vertrauen ersetzen, so wie umgekehrt sich aus

---

[4] Vgl. auch *N. Luhmann* 1971, S. 253 ff.

der begrenzten Leistungskraft jener Entscheidungstechniken der Bedarf für Vertrauen als komplementäre Form der Absorption von Ungewißheit ergibt. Vertrauen ist aber etwas anderes als die begründbare Annahme, richtig zu entscheiden, und deshalb greifen die Kalkülmodelle für richtiges Entscheiden an der Vertrauensfrage vorbei.

In einer weitergefaßten soziologischen Theorie der Rationalisierung, für die allerdings bei der vorherrschenden empirisch-deskriptiven Ausrichtung der soziologischen Forschung alle Vorarbeiten fehlen, könnte die Bewertung als „rational" der funktionalen Analyse folgen. Als rational hätten dann alle Leistungen zu gelten, die dazu dienen, menschliches Handeln in einer äußerst komplexen Welt sinnvoller zu orientieren, also das menschliche Fassungs- und Reduktionsvermögen für Komplexität zu steigern. Das kann nur mit Hilfe von Systembildungen geschehen. Deshalb würde sich bei dieser Konzeption der Titel „rational" nicht auf Entscheidungen über bestimmte Handlungen, sondern auf Systeme und Systemerhaltungsfunktionen beziehen[5]. Wir wollen diese Konzeption zugrundelegen, zumal sie in unserer funktionalen Analyse des Vertrauens schon impliziert war, und sehen, was sich aus ihr ergibt.

Im Hinblick auf die Funktion, Systempotential für Komplexität zu erhöhen, ist Vertrauen rational. Ohne Vertrauen sind nur sehr einfache, auf der Stelle abzuwickelnde Formen menschlicher Kooperation möglich, und selbst individuelles Handeln ist viel zu störbar, als daß es ohne Vertrauen über den sicheren Augenblick hinaus geplant werden könnte. Vertrauen ist unentbehrlich, um das Handlungspotential eines sozialen Systems über diese elementaren Formen hinaus zu steigern. Ganz neue Arten von Handlungen, vor allem solche, die nicht unmittelbar befriedigen und daher künstlich motiviert werden müssen, werden in einem System möglich, das Vertrauen aktivieren kann. Durch Vertrauen gewinnt ein System Zeit, und Zeit ist die kritische Variable auf den Aufbau komplexer Systemstrukturen. Die Befriedigung von Bedürfnissen kann vertagt und doch sichergestellt werden. Instrumentelles, an Fernwirkungen orientiertes Handeln kann institutionalisiert werden, wenn der Zeithorizont eines Systems durch Vertrauen entsprechend ausgedehnt wird. Verfügung über liquide Geldmittel, Macht und Wahrheit, alles vertrauensabhängige Mechanismen, ermöglicht eine Indifferenz des Systems gegenüber zahllosen Umweltereignissen und damit Gewinn an Reaktionszeit.

---

[5] Hierzu näher *N. Luhmann* 1968. Diese Formulierung der ersten Auflage läßt außer acht, daß auch für Entscheidungstheorien ein entsprechender Rationalitätsbegriff entwickelt werden kann, wenn man von der Komplexität der Entscheidungssituation ausgeht.

Diese Beurteilung des Vertrauens als systemrational kann indes nicht unqualifiziert stehen bleiben und als Bejahung des Vertrauens schlechthin gedeutet werden. Selbstverständlich ist Vertrauen niemals der einzige Mechanismus der Reduktion von Komplexität; der Bedarf für Vertrauen hängt ab von der Verfügbarkeit bzw. Nichtverfügbarkeit funktionaler Äquivalente. Vertrauen erfordert zahlreiche Hilfsmechanismen des Lernens, Symbolisierens, Kontrollierens, Sanktionierens, und strukturiert die Weise der Erlebnisverarbeitung in einer Form, die Kraft und Aufmerksamkeit kostet. Vor allem aber ist das Vertrauen nicht nur im Einzelfall, sondern erst recht auf Systemebene darauf angewiesen, daß die Risikoneigung unter Kontrolle gehalten wird und die Enttäuschungsquote nicht zu groß wird. Trifft dies zu, dann ist zu vermuten, daß ein System mit höherer Komplexität, das mehr Vertrauen braucht, zugleich auch mehr Mißtrauen benötigt und daher Mißtrauen, zum Beispiel in Form von Kontrollen, institutionalisieren muß.

Systemrationalität kann demnach nicht dem Vertrauen allein zugeschrieben werden. Sie liegt vielmehr auf einer Vertrauen und Mißtrauen übergreifenden Ebene, nämlich in der *binären Schematisierung* eines ursprünglicheren Weltverhältnisses zu der strukturierten *Alternative* von Vertrauen oder Mißtrauen[6]. Zu vergleichen wären die Vorteile einer solchen Schematisierung mit stärker formalisierten und spezialisierten binären Codes — etwa dem von Recht/Unrecht oder dem von Wahrheit/Unwahrheit. In all diesen Fällen sind die einander entgegengesetzten Situationsdefinitionen zunächst logisch inkonvertible Größen[7]. Sie werden aber mittels binärer Schematisierung so behandelt, als ob sie durch bloße Negation ineinander überführt werden könnten. Damit wird der Übergang von der einen zur anderen Form erleichtert, beide rükken einander näher gerade dadurch, daß sie als Gegensatz begriffen werden, und darin besteht der Rationalitätsgewinn. Denn die Leichtigkeit und Dirigiertheit des Übergangs zum Gegenteil macht ein höheres Risiko der Systemfestlegung tragbar. Die relative Unterlegenheit, der relativ geringe „Technisierungsgrad“ des Vertrauensmechanismus im Vergleich zum Wahrheitscode oder zum Rechtscode zeigt sich unter anderem an den größeren Schwierigkeiten der Rücknegierbarkeit: Vertrauen ist viel leichter in Mißtrauen zu verwandeln als umgekehrt Mißtrauen in Vertrauen.

---

[6] Zur lebensweltlichen Unwahrscheinlichkeit und zur sprachlichen Sonderstellung von „Zweierparadigmen“ vgl. *H. Weinrich* 1967. Situationsdefinitionen, die dem Partner ein ausschließendes Entweder/Oder aufoktroyieren, werden im sozialen Verkehr durchweg als Zumutungen empfunden. Eben deshalb ist die Frage interessant, unter welchen Voraussetzungen sie gleichwohl normalisiert werden können.

[7] Im Sinne von *J. W. Thompson* 1963. Vgl. oben S. 78 Anm. 1.

Derartige Überlegungen stehen in einer entfernten Analogie zu der Position, welche die Ethik eingenommen hatte: daß nämlich Vertrauen die Regel und Mißtrauen die Ausnahme sein solle, daß Vertrauen also im Zweifel den Vorzug verdiene, für Mißtrauen aber Platz lassen müsse. Sie erlauben eine solche Ausmünzung zu befolgbaren Handlungsinstruktionen jedoch nicht. Bei der Entscheidung über den Einzelfall schließen Vertrauen und Mißtrauen sich aus. Von einer Handlungswissenschaft wie der Ethik mußte daher ihr Verhältnis im Sinne eines Entweder/Oder nach dem Regel/Ausnahme-Schema konstruiert werden. Auf Systeme bezogen und als allgemeine Mechanismen gesehen, lassen Vertrauen und Mißtrauen sich miteinander steigern, sofern Hinsichten und Situationen ausreichend differenziert werden können. Auf dieser abstrakten Ebene der Betrachtung lassen sich zwar keine Anweisungen mehr gewinnen, ob im Einzelfall vertraut oder mißtraut werden soll[8]. Nur sehr viel genauere Analysen einzelner Systeme könnten eine Entscheidung darüber begründen helfen. Systemtheoretisch begründen läßt sich dagegen ein Urteil über die Rationalität des Vertrauensmechanismus und über gewisse Systembedingungen, unter denen er seine Funktion erfüllen kann.

Bei einer systemrationalen Steigerung der Vertrauensleistung wird es auf all die Gesichtspunkte der Vertrauensbildung ankommen, die wir im Laufe unserer Untersuchung behandelt haben und hier nicht nochmals aufzählen können. Offengeblieben ist dagegen die vielleicht entscheidende Frage: ob und wie Vertrauen und Mißtrauen durch Systembildung koordiniert und so miteinander gesteigert werden können. Aus Gründen der allgemeinen Systemtheorie, die hier nicht angemessen entfaltet werden können, dürften dafür zwei miteinander eng verbundene Vorgänge entschei-

[8] Überhaupt vermag die funktionale Analyse zwar einen Vergleich von funktionalen Äquivalenten, nicht aber eine Entscheidung für oder gegen bestimmte Leistungen zu begründen. Eine solche Entscheidung setzt stets wertende Stellungnahmen voraus, die durch Analyse konkreter Systeme mit Aufweis von Folgen und Nebenfolgen aller denkbaren Alternativen zwar unter Umständen nahegelegt, nie aber letztlich begründet werden können. Solche Untersuchungen an konkreten Systemen können ergeben, daß in bezug auf bestimmte Funktionen Engpässe bestehen, weil die darauf angesetzten Leistungen schwer erträgliche Folgeprobleme haben und schwer durch andersartige Äquivalente zu ersetzen sind. Es kann dann sein, daß im Hinblick auf die besondere Problemkonstellation des Systems es sinnvoll erscheint, in spezifischen Hinsichten mehr oder weniger Vertrauen oder Mißtrauen zu fordern und für rationaler zu halten: mehr Vertrauen zum Beispiel, um dadurch Grundlagen für neuartige Handlungskombinationen zu gewinnen; mehr Mißtrauen zum Beispiel, um die Enttäuschungs- und Fehlerquote des Systems zu senken. Auch dann setzt jedoch die Entscheidung für oder gegen solche Änderungen immer voraus, daß ihre Folgen bewertet werden.

dend sein: die Ausdifferenzierung des Systems aus seiner Umwelt, das heißt die Grenzziehung, und die Innendifferenzierung des Systems, das heißt die funktionale Spezifizierung seiner Teilsysteme und Mechanismen.

Zu den Grundlagen der Systemtheorie gehört die These, daß Systeme sich durch die Unterscheidung von Innen und Außen konstituieren und sich durch Stabilisierung dieser Grenze erhalten[9]. Wenn wir Rationalität im soziologischen Sinne als Systemrationalität auffassen, liegt es nahe, in *dieser Innen/Außen-Differenz ein rationales Kriterium für die unterschiedliche Placierung und die gemeinsame Steigerung von Vertrauen bzw. Mißtrauen zu suchen.*

Bei der Ausarbeitung dieses Gedankens muß sorgfältig auf Unterscheidung verschiedener Systemreferenzen geachtet werden. Das Bezugssystem, dessen Innen/Außen-Differenz wir jetzt ins Auge fassen, ist nicht das System, das vertraut oder mißtraut. Es geht also nicht um den zuvor erörterten Unterschied von äußeren und inneren Vertrauensbedingungen. Vielmehr meinen wir jetzt den Fall, daß ein System, sei es eine Person oder ein Sozialsystem, an einem anderen Sozialsystem teilnimmt, daß es also mit einigen seiner Handlungen durch Mitgliedschaftsverhältnisse in ein Sozialsystem eingeflochten ist und nun in Vertrauensfragen kritisch unterscheidet, ob das Vertrauen vom Standpunkt dieses Mitgliedschaftssystems aus für systeminterne oder für systemexterne Vorgänge gefordert ist. Obwohl Systemverschachtelungen vieler Art in Betracht kommen, können wir uns vereinfachend an dem Fall der Mitgliedschaft von Personen in Organisationen orientieren.

In erster, grober Annäherung kann man annehmen, daß interne Vorgänge mehr Vertrauen verdienen und erhalten als externe, daß man dem Kollegen in seiner Rolle mehr vertraut als dem Außenstehenden, dem Corpsbruder, Parteigenossen, Verbandsmitglied mehr als dem Fremden. Daß eine solche Differenzierung verbreitet ist und rational sein kann, daß insbesondere die Trennlinie von Vertrautem und Unvertrautem sie unterstützt, ist nicht von der Hand zu weisen. Besonders ausgeprägt findet man Systemgrenzen als Vertrauensgrenzen in allen Sozialsystemen, die intern Leistungen erbringen müssen, die nach außen nicht darstellbar oder gar illegal sind und deshalb geheimgehalten werden müssen[10]. Allerdings ergibt eine funktionale Analyse der Probleme komplexer So-

---

[9] Vgl. namentlich den Begriff des „boundary maintaining system" bei *Parsons* — siehe z. B. *T. Parsons* und *E. A. Shils* (Hrsg.) 1951, S. 108 f.; *T. Parsons* 1953, insb. S. 623. Für ähnliche Vorstellungen siehe etwa *S. L. Optner* 1960, S. 20 ff., *P. G. Herbst* 1961, insbes. S. 78 ff.; *D. Easton* 1965 a, insb. S. 24 f., 60 ff.

[10] Ein vortreffliches Beispiel hierfür bei *J. Bensman* und *I. Gerver* 1963 und eine grundsätzliche Erörterung bei *E. Goffman* 1959, S. 77 ff.

zialsysteme nicht dieses einfache Bild. Es kann für manche Systeme lebensnotwendig sein, daß sie in der Lage sind, ihrer Umwelt Vertrauen zu schenken, um an Beziehungen teilnehmen zu können, die nur durch wechselseitiges Vertrauen zu erreichen sind. Dann müssen die Systemmitglieder auch nach außen Vertrauen erweisen können. Die internen Beziehungen können, zum Beispiel in den unteren Bereichen moderner Großorganisationen, so eingehend programmiert sein, daß Vertrauen unter Systemmitgliedern fast unnötig wird, weil die Verhaltensunsicherheit durch andere Mechanismen beseitigt wird. Auch brauchen manche Systeme gerade in ihren internen Beziehungen starke Einschüsse von Mißtrauen, um wach und neuerungsfähig zu bleiben, um nicht dem gewohnten Trott auf dem Sich-aufeinander-Verlassen anheimzufallen.

Die Innen/Außen-Differenzierung darf also nicht unbesehen mit der Grenze zwischen gebotenem Vertrauen und berechtigtem Mißtrauen gleichgesetzt werden. Besonders bei starker gesellschaftlicher Differenzierung und Systemspezialisierung besteht eine Tendenz, daß die internen Differenzen zunehmen und die zur Umwelt abnehmen[11]. Die Systemgrenzen ermöglichen jedoch auch dann eine differenzierte Strategie der Verteilung von Vertrauen und Mißtrauen in dem Sinne, daß die Mitglieder bei internen Vorgängen in einem anderen Sinne und aus anderen Gründen Anlaß haben, zu vertrauen bzw. mißtrauisch zu sein, als bei externen. Die Innenwelt des Systems ist eine andere als die Außenwelt, und daher ist niemand verpflichtet, über die Systemgrenzen hinweg mit Vertrauenserweisen „konsequent" zu sein. Man kann zum Beispiel die Stellungnahmen des Kollegen in einem Arbeitsvorgang unbesehen zugrundelegen und doch nicht riskieren, ihm „persönlich" Geld zu leihen. Die Systemgrenzen wirken so wie kritische Schwellen im oben S. 80 f. erörterten Sinne, an denen Vertrautheit und Vertrauen in Mißtrauen, Systemvertrauen in persönliches Vertrauen oder Mißtrauen oder auch Mißtrauen in Indifferenz umschlagen kann.

Intern kann ein höheres Maß von Vertrauen durch selektive Prozesse der Mitgliederauswahl und ihm Rahmen von deren Kriterien begründet sein; andererseits kann auf dieser Grundlage ein genau spezifiziertes scharfes Mißtrauen, zum Beispiel für Kontrollinstanzen, sogar zur formalen Pflicht erhoben werden. Bei externen Beziehungen entfallen solche systemstrukturellen Gründe für Vertrauen und Mißtrauen und es kommt mehr auf das konkrete Lernen und Bewähren von Vertrauensbeziehungen im Verkehr zwischen System und Umwelt an, auf die Freiheit, die die Grenzstellen des Systems für einen Verkehr erhalten, oder auch auf die

---

[11] Siehe hierzu *G. Simmel* 1890.

Stärke des Systems und auf die Rückendeckung, die es seinen Mitgliedern gewährt für den Fall, daß mißtrauisches Verhalten zu Störungen und Konflikten im Verhältnis zur Umwelt führt.

Gerade diese Differenzierung der Gesichtspunkte für Vertrauen und Mißtrauen ist nun, vom System her gesehen, rational. Denn sie verhilft ihm dazu, den höheren Grad an innerer Ordnung im Vergleich zu seiner Umwelt aufrechtzuerhalten; oder anders formuliert, eine einfachere, weniger komplexe Systemordnung, die auf menschliche Handlungskapazitäten zugeschnitten ist, in einer extrem komplexen Umwelt zu stabilisieren und das Komplexitätsgefälle zwischen System und Umwelt zu überbrücken. In dem Repertoire von Systemstrategien und latenten Funktionen, die einer solchen Systemerhaltung dienen, spielt das Vertrauen in interner und externer Hinsicht naturgemäß nur eine begrenzte Rolle. Je stärker die Umwelt eines Systems durch übergreifende Systeme vor allzu starken, unvorhersehbaren Fluktuationen bewahrt wird, desto stärker kann das System dazu übergehen, sein Handeln an intern rationalisierten Entscheidungstechniken auszurichten und Wahrscheinlichkeitsrechnung für Vertrauenserweise zu substituieren. Ob und unter welchen Voraussetzungen ein solcher Substitutionsprozeß selbst rational ist, läßt sich ebenfalls nur im Rahmen unserer weit gefaßten Rationalitätskonzeption beurteilen, die es ermöglicht, scheinbar „irrational" zustandekommendes Vertrauen für rational zu halten, wenn und soweit es Funktionen erfüllt, die der Systemerhaltung dienen.

Ein weiterer Gesichtspunkt, der zur Rationalisierung von Vertrauen und Mißtrauen in sozialen Systemen beitragen kann, ist im Vorstehenden bereits mehrfach angeklungen und muß nun in seiner besonderen Problematik herausgearbeitet werden. Es handelt sich um die *Spezifizierbarkeit der Hinsichten, in denen vertraut bzw. mißtraut* wird. Sobald und soweit die Grenzen eines Systems definiert werden, kann es intern Teilsysteme und Mechanismen auf spezifische Funktionen zuschneiden und dabei auch Handlungen, Situationen und Rollen genauer definieren, in bezug auf die Vertrauen bzw. Mißtrauen erwartet wird. Was als allgemeine Lebensregel unsinnig wäre oder nicht motiviert werden könnte, läßt sich in den Grenzen spezifischer Systeme erreichen, die selbst das Vertrauen ihrer Mitglieder genießen.

Vertrauen und Mißtrauen sind zwar in der Art, wie Komplexität reduziert wird, prinzipiell diffus und an der konkreten Person oder Gruppe bzw. ihre Vertrauenswürdigkeit symbolisierenden Gegenständen und Ereignissen orientiert. Das heißt aber nicht, daß Vertrauensbeziehungen nicht auf bestimmte Hinsichten eingeschränkt werden könnten. Man kann einem anderen in Dingen der Liebe, nicht aber in Sachen des Geldes, in seinem Wissen, aber nicht in seiner Geschicklichkeit, in seinem moralischen Wollen, aber nicht in seiner Fähigkeit zu objektiver Berichterstattung, in seinem Geschmack, aber nicht in seiner Verschwiegenheit vertrauen. Diese Spezifizierung kann ihren Grund ganz einfach darin haben, daß das Vertrauen in dieser Beschränkung gelernt wurde und in anderen Hinsichten gescheitert ist. Sie mag aber auch auf ein selektives Interesse des Systems zurückgehen, dem die Beteiligten angehören und das schon den Lernvorgang selbst strukturiert.

In solch einer Vorstrukturierung und Legitimierung spezifischer Chancen für Vertrauen und Mißtrauen scheinen die Möglichkeiten einer Systemrationalisierung zu stecken. Systeme können auf diese Weise Vertrauen und Mißtrauen nebeneinander vorsehen, ja auf vielfältige Art ineinander verzahnen und dadurch steigern. Wenn es um die Mobilität des zweijährigen Sohnes geht, haben andere Familienmitglieder ein legitimes Mißtrauen und vertrauen zugleich wechselseitig ihrem Mißtrauen. In Organisationen können Kontrollen eingerichtet werden, die unter spezifiziertem Mißtrauensgebot operieren, und auch hier setzen andere, nicht selten sogar die Kontrollierten selbst[12], ihr Vertrauen in das Funktionieren dieses Mißtrauens. Ja es gibt sogar Rollen, denen im spezifischen Horizont ihrer Aufgabe erlaubt wird, Vertrautes als unvertraut zu behandeln und Berichte darüber mit Mißtrauen aufzunehmen — Forscher zum Beispiel oder Richter[13]. Das Vertrauen in Systeme als Ganzes kann, wie wir sahen, entscheidend davon abhängen, daß an kritischen Stellen das Vertrauen unterbrochen und Mißtrauen eingeschaltet wird. Umgekehrt kann nur in Systemen, denen vertraut wird, Mißtrauen so institutionalisiert und begrenzt werden, daß es nicht persönlich zugerechnet und zurückgegeben wird, also vor Ausuferung in Konflikte bewahrt bleibt.

Soll die Leistung dieser verschiedenen Mechanismen gesteigert werden, muß ihre Kombination unabhängig von persönlichen Motivstrukturen und Risikoneigungen sichergestellt werden. Das kann nur durch Organisation geschehen, die neue, unpersönliche Handelnsmotive substituiert. Auch insofern ist eine Ausdifferenzierung des Systems, in dem vertraut wird, Voraussetzung weitgehender innerer Spezifikation. Organisation macht Vertrauen und Mißtrauen keineswegs überflüssig, aber sie entpersönlicht diese

---

[12] So etwa, wenn die Locherin schneller und sorgloser arbeiten kann, weil sie eine Prüferin neben sich weiß.

[13] Daß solche Mißtrauensrollen trotz Spezifikation und Entpersönlichung noch Keimzellen für innerorganisatorische Konflikte sind, hat die neuere Organisationssoziologie reichlich dokumentiert, wobei sie sich im Falle der Kontrolle und Überwachung kritisch, im Falle der Innovation dagegen positiv zu den Mißtrauensrollen einstellt. Siehe als typisches Beispiel: *A. W. Gouldner* 1954 b; ferner *V. A. Thompson* 1961; ders. 1965; *R. L. Kahn, D. P. Wolfe, R. P. Quinn* und *D. J. Snoek* 1964, S. 125 ff.

Mechanismen. Wer vertraut, tut das nicht mehr auf eigenes Risiko, sondern auf das Risiko des Systems; er muß nur noch darauf achten, daß ihm beim Vertrauenserweis keine nachweisbaren Fehler unterlaufen. Wer mißtraut, tut dies nicht mehr unter Rückgriff auf eigene Reduktionsweisen wie persönliche Feindschaft, Kampf oder Sicherheitsvorsorge, sondern ebenfalls auf Grund des Systems, das die Verhaltensweisen für den Enttäuschungsfall schon vorprogrammiert hat und den Mißtrauischen gegen alle Weiterungen schützt.

Bezeichnenderweise nimmt auch die Organisation, in der Vertrauen und Mißtrauen zu erwartbaren Aspekten einer Arbeitsaufgabe werden, dem Handelnden die Wahl zwischen diesen beiden Möglichkeiten nicht völlig ab. Auch der Vertrauende muß sich einen Rest von Mißtrauen bewahren, muß zum Beispiel intervenieren, wenn der Kollege eine offensichtlich unrichtige Stellungnahme abgibt. Und auch der Mißtrauische kann, etwa bei Kontrollen, sein berechtigtes Mißtrauen nicht auf die Spitze treiben, ohne zum Betriebshindernis zu werden. Geleistet wird durch die Organisation und die Spezifizierung des Systems aber das, was die Ethik von der Natur der Sache erwartete: deutliche Hinweise darauf, ob im Einzelfall Vertrauen oder Mißtrauen angebracht und rational ist.

Alles in allem leistet die Systemtheorie mehr als die Ethik dadurch, daß sie solche Spezifikationsleistungen der Systeme begreifbar macht. Auch sie kann dem Handelnden letztlich nicht sagen, wie er handeln soll und ob er vertrauen soll oder nicht. Sie hat aber Möglichkeiten, zu klären, wie Systeme eingerichtet werden können, in denen trotz hoher Komplexität es dem Handelnden selbst überlassen werden kann, zu entscheiden, ob er vertraut oder nicht. Rational sind Systeme in dem Maße, als sie Komplexität erfassen und reduzieren können, und sie können dies nur, wenn sie von Vertrauen und Mißtrauen Gebrauch zu machen verstehen, ohne den zu überfordern, der letztlich Vertrauen oder Mißtrauen erweist: den Menschen.

Diese Erwägung führt an unseren Ausgangspunkt, zum Problem der sozialen Komplexität zurück. Vertrauen nimmt geschichtlich wie sachlich vielerlei Gestalt an. Es hat in archaischen Sozialordnungen einen anderen Stil als in zivilisierten, kann spontan entstandenes oder taktisch-durchschauend aufgebautes persönliches Vertrauen oder Vertrauen in allgemeine Systemmechanismen sein. Es entzieht sich einer eindeutigen ethischen Anweisung. Nur von seiner Funktion her kann es als Einheit begriffen und mit anderen, funktional äquivalenten Leistungen verglichen werden. Vertrauen reduziert soziale Komplexität dadurch, daß es vorhandene Informationen überzieht und Verhaltenserwartungen generalisiert, indem es fehlende Information durch eine intern garantierte Sicherheit ersetzt. Es bleibt dabei auf andere, parallel ausgebildete Reduktionsleistungen angewiesen, zum Beispiel auf die des Rechts, der Organisation und natürlich auf die der Sprache, kann aber nicht auf sie zurückgeführt werden. Vertrauen ist nicht das einzige Fundament der Welt; aber eine sehr komplexe und doch strukturierte Weltvorstellung ist ohne eine ziemlich komplexe Gesellschaft und diese ohne Vertrauen nicht zu konstituieren.

Literatur

Adler, M.: Das Rätsel der Gesellschaft. Zur erkenntnis-kritischen Grundlegung der Sozialwissenschaft. Wien 1936.

Agger, R. E., M. N. Goldstein und S. A. Pearl: Political Cynicism: Measurement and Meaning. Journal of Politics 23 (1961) 477—506.

Albach, H.: Investition und Liquidität. Wiesbaden 1962.

Allen, L. A.: Management and Organization. New York — London — Toronto 1958.

Allport, F. H.: Theories of Perception and the Concept of Structure. New York — London 1955.

Ashby, W. R.: Design for a Brain. 2. Aufl. London 1954.

Atkinson, J. W.: Motivational Determinants of Risk-Taking Behavior. Psychological Review 64 (1957) 359 bis 372.

Bales, R. F.: Interaction Process Analysis: A Method for the Study of Small Groups. Cambridge Mass. 1951.

Barth, H.: Fluten und Dämme. Der philosophische Gedanke in der Politik. Zürich 1943.

Bauch, B.: Das Vertrauen als ethisches Problem. Die Tatwelt 14 (1938) 67 bis 74.

Baum, B. H.: Decentralization of Authority in a Bureaucracy. Englewood Cliffs N. J. 1961.

Baum, R. C.: On Societal Media Dynamics: An Exploration. In: Jan J. Loubser, Rainer C. Baum, A. Effrat und Victor Lidz (Hrsg.): Explorations in General Theory in the Social Sciences. New York im Druck.

Bednarski, J.: La réduction husserlienne. Revue de Metaphysique et de Morale (1957) 418—435.

Bensman, J., I. Gerver: Crime and Punishment in the Factory: The Function of Deviancy in Maintaining the Social System. American Sociological Review 28 (1963) 588 bis 598.

Berger, P. L.: Invitation to Sociology: A Humanistic Perspective. Garden City N. Y. 1963.

Berger, P. L., H. Kellner: Die Ehe und die Konstruktion der Wirklichkeit: Eine Abhandlung zur Mikrosoziologie des Wissens. Soziale Welt 16 (1965) 220—235.

Berger, P. L., Th. Luckmann: The Social Construction of Reality: A Treatise in the Sociology of Knowledge. Garden City N. Y. 1966.

Berger, P. L., St. Pullberg: Verdinglichung und die soziologische Kritik des Bewußtseins. Soziale Welt 16 (1965) 97—112.

Bergson, H.: Essai sur les données immédiates de la conscience. Paris 1889 (Dt. Übers.: Zeit und Freiheit. Jena 1911).

Bertalanffy, L. von: Zu einer allgemeinen Systemlehre. Biologica Generalis 19 (1949) 114—129.

Binswanger, L.: Grundformen und Erkenntnis menschlichen Daseins. 2. Aufl. Zürich 1953.

Blain, R. R.: An Alternative to Parsons' Four-Function Paradigm as a Basis for Developing General Sociological Theory. American Sociological Review 36 (1971) 678—692.

Blau, P. M.: Patterns of Deviation in Work Groups. Sociometry 23 (1960) 245—261.

Blau, P. M.: Exchange and Power in Social Life. New York — London — Sydney 1964.

Braibanti, R.: Public Bureaucracy and Judiciary in Pakistan. In: Joseph La Palombara (Hrsg.): Bureaucracy and Political Development. Princeton N. J. 1963, 360—440.

Brand, G.: Welt, Ich und Zeit. Nach unveröffentlichten Manuskripten Edmund Husserls. Den Haag 1955.

Braybrooke, D.: The Mystery of Executive Success Re-examined. Administrative Science Quarterly 8 (1964) 533—560.

Bruner, J. S., J. J. Goodnow und G. A. Austin: A Study of Thinking. New York — London 1956.

Burns, T.: Friends, Enemies, and the Polite Fiction. American Sociological Review 18 (1953) 654—662.

Canaris, C.-W.: Die Vertrauenshaftung im deutschen Privatrecht. München 1971.

Cazeneuve, J.: La connaissance d'autrui dans les sociétés archaïques. Cahiers Internationaux de Sociologie 25 (1958) 75—99.

Claessens, D.: Familie und Wertsystem. Eine Studie zur „zweiten, sozio-kulturellen Geburt“ des Menschen. Berlin 1962.

Claessens, D.: Instinkt, Psyche, Geltung: Zur Legitimation menschlichen Verhaltens. Eine soziologische Anthropologie. 2. Aufl. Köln-Opladen 1970.

Craushaar, G. von: Der Einfluß des Vertrauens auf die Privatrechtsbildung. München 1969.

Daily, C. A.: The Effects of Premature Conclusion upon the Acquisition of Understanding of a Person. Journal of Psychology 33 (1952) 133 bis 152.

Dale, H. E.: The Higher Civil Service of Great Britain. London 1941.

Darmstaedter, F.: Recht und Jurist. Süddeutsche Juristen-Zeitung 3 (1948) Sp. 430—436.

Davis, K.: The Myth of Functional Analysis as a Special Method in Sociology and Anthropology. American Sociological Review 24 (1959) 757—772.

Deutsch, K. W.: The Nerves of Government: Models of Political Communication and Control. New York — London 1963.

Deutsch, M.: Trust and Suspicion. The Journal of Conflict Resolution 2 (1958) 265—279.

Deutsch, M.: The Effect of Motivational Orientation upon Trust and Suspicion. Human Relations 13 (1960 a) 123—139.

Deutsch, M.: Trust, Trustworthiness and the F-Scale. The Journal of Abnormal and Social Psychology 61 (1960 b) 138—140.

Deutsch, M.: Cooperation and Trust: Some Theoretical Notes. Nebraska Symposium on Motivation 1962, 275—319.

Dewey, J.: Experience and Nature. Chicago — London 1926.

Diesel, E.: Die Macht des Vertrauens. München 1947.

Easton, D.: A Framework for Political Analysis. Englewood Cliffs N. J. 1965 a.

Easton, D.: A Systems Analysis of Political Life. New York — London — Sydney 1965 b.

Edelman, M.: The Symbolic Uses of Politics. Urbana Ill. 1964.

Eichler, H.: Die Rechtslehre vom Vertrauen. Privatrechtliche Untersuchungen über den Schutz des Vertrauens. Tübingen 1950.

Elias, N.: Über den Prozeß der Zivilisation. Soziogenetische und psychogenetische Untersuchungen. 2 Bde. Basel 1939.

Etzioni, A.: A Comparative Analysis of Complex Organizations: On Power, Involvement, and Their Correlates. New York 1961.

Etzioni, A.: Dual Leadership in Complex Organizations. American Sociological Review 30 (1965) 688—698.

Evan, W. M.: Peer Group Interaction and Organizational Socialization: A Study of Employee Turnover. American Sociological Review 28 (1963) 436—440.

Evans, G.: Effect of Unilateral Promise and Value of Rewards upon Cooperation and Trust. The Journal of Abnormal and Social Psychology 69 (1964) 587—590.

Eyferth, Kl.: Lernen als Anpassung des Organismus durch bedingte Reaktion. Handbuch der Psychologie. Bd. I. Göttingen 1964 a, 76—117.

Eyferth, Kl.: Das Lernen von Haltungen, Bedürfnissen und sozialen Verhaltensweisen. Handbuch der Psychologie. Bd. I. Göttingen 1964 b, 347—370.

Feinberg, J.: Supererogation and Rules. Ethics 71 (1961) 276—288. Neu gedruckt in ders., Doing and Deserving: Essays in the Theory of Responsibility. Princeton N. J. 1970, 3—24.

Fink, E.: Sein, Wahrheit, Welt: Vor-Fragen zum Problem des Phänomen-Begriffs. Den Haag 1958.

Fraenkel, E.: Das amerikanische Regierungssystem: Eine politische Analyse. Köln — Opladen 1960.

French, J. R. P., B. Raven: The Bases of Social Power. In: Dorwin Cartwright (Hrsg.): Studies in Social Power. Ann Arbor 1959, 150—167.

Frenkel-Brunswik, E: Intolerance of Ambiguity as an Emotional and Perceptual Personality Variable. Journal of Personality 18 (1949) 108 bis 143.

Friedeburg, L. von: Soziologie des Betriebsklimas: Studien zur Deutung empirischer Untersuchungen in industriellen Großbetrieben. Stuttgart 1963.

Friedrich, C. J.: Authority, Reason, and Discretion. In: Ders. (Hrsg.): Authority (Nomos I). Cambridge Mass. 1958, 28—48.

Friedrich, C. J.: Man and His Government: An Empirical Theory of Politics. New York — San Francisco — Toronto — London 1963.

Gäfgen, G.: Zur Theorie kollektiver Entscheidungen in der Wirtschaft. Jahrbücher für Nationalökonomie und Statistik 173 (1961) 1—49.

Gäfgen, G.: Theorie der wirtschaftlichen Entscheidung: Untersuchungen zur Logik und ökonomischen Bedeutung des rationalen Handelns. Tübingen 1963.

Gale, R. M.: The Language of Time. London 1968.

Garfinkel, H.: A Conception of, and Experiments with, "Trust" as a Condition of Stable Concerted Actions. In: O. J. Harvey (Hrsg.): Motivation and Social Interaction: Cognitive Determinants. New York 1963, 187—238.

Garfinkel, H.: Studies of the Routine Grounds of Everyday Activities. Social Problems 11 (1964) 225—250.

Garner, W. R.: Uncertainty and Structure as Psychological Concepts. New York — London 1962.

Geiger, Th.: Zur Soziologie der Industriearbeit und des Betriebs. Die Arbeit 6 (1929) 673—689; 766—781.

Gibb, J. R.: Climate for Trust Formation. In: Leland P. Bradford, Jack R. Gibb und Kenneth D. Benne (Hrsg.): T-Group Theory and Laboratory Method. New York — London — Sydney (1964) 279—309.

Glaser, B. G., A. L. Strauss: Temporal Aspects of Dying as a Nonscheduled Status-passage. The American Journal of Sociology 71 (1965) 48—59.

Goffman, E.: On Cooling the Mark Out. Psychiatry 15 (1952) 451—463.

Goffman, E.: On Face Work. Psychiatry 18 (1955) 213—231.

Goffman, E.: Alienation from Interaction. Human Relations 10 (1957) 47—59.

Goffman, E.: The Presentation of Self in Everyday Life. 2. Aufl. New York 1959.

Goffman, E.: Behavior in Public Places: Notes on the Social Organization of Gatherings. New York — London 1963 a.

Goffman, E.: Stigma: Notes on the Management of Spoiled Identity. Englewood Cliffs N. J. 1963 b.

Goffmann, E.: Strategic Interaction. Philadelphia 1969.

Golembiewski, R. T.: Authority as a Problem in Overlays: A Concept for Action and Analysis. Administrative Science Quarterly 9 (1964) 23—49.

Gouldner, A. W.: Wildcat Strike. Yellow Springs. Ohio 1954 a.

Gouldner, A. W.: Patterns of Industrial Bureaucracy. Glencoe Ill. 1954 b.

Gouldner, A. W.: Reciprocity and Autonomy in Functional Theory. In: Llewellyn Gross (Hrsg.): Symposion on Sociological Theory. Evanston Ill. — White Plains N. Y. 1959, 241—270.

Gouldner, A. W.: The Norm of Reciprocity: A Preliminary Statement. American Sociological Review 25 (1960) 161—178.

Gross, E., G. P. Stone: Embarrassement and the Analysis of Role Requirements. The American Journal of Sociology 70 (1964) 1—15.

Guest, R. H.: Organizational Change: The Effect of Successful Leadership. Homewood Ill. 1962.

Gurwitsch, A.: The Common-sense World as Social Reality: A Discourse on Alfred Schutz. Social Research 29 (1962) 50—72.

Guzmán, G., O. Fals Borda, E. Umana Luna: La Violencia en Colombia. Estudio de un Proceso Social. Bogotá 1962.

Habermas, J., N. Luhmann: Theorie der Gesellschaft oder Sozialtechnologie — Was leistet die Systemforschung? Frankfurt 1971.

Hartmann, H.: Funktionale Autorität: Systematische Abhandlung zu einem soziologischen Begriff. Stuttgart 1964.

Hartmann, N.: Ethik. 4. Aufl. Berlin 1962.

Hauke, H.: Die anthropologische Funktion des Vertrauens. Seine Bedeutung für die Erziehung. Diss. Tübingen 1956.

Harvey, O. J., H. M. Schroder: Cognitive Aspects of Self and Motivation. In: O. J. Harvey (Hrsg.): Motivation and Social Interaction: Cognitive Determinants. New York 1963, 95—133.

Heidegger, M.: Sein und Zeit. Bd. I. 6. Aufl. Tübingen 1949.

Heidegger, M.: Die Zeit des Weltbildes. In: Ders.: Holzwege. Frankfurt 1950.

Heider, F.: Social Perception and Phenomenal Causality. Psychological Review 51 (1944) 358—374.

Heider, F.: The Psychology of Interpersonal Relations. New York — London 1958.

Heller, H.: Staatslehre. Leiden 1934.

Hennis, W.: Amtsgedanke und Demokratiebegriff. Festgabe für Rudolf Smend. Tübingen 1962.

Henslin, J. M.: Trust and the Cab Driver. In: Marcello Truzzi (Hrsg.): Sociology and Everyday Life. Englewood Cliffs N. J. 1968, 138—158.

Herbst, P. A.: A Theory of Simple Behaviour Systems. Human Relations 14 (1961) 71—94, 193—239.

Hocking, W. E.: Marcel and the

Ground Issues of Metaphysics. Philosophy and Phenomenological Research 14 (1953/54) 439—469.

Hofstätter, P.: Einführung in die Sozialpsychologie. 2. Aufl. Stuttgart 1959.

Hohl, H.: Lebenswelt und Geschichte. Grundzüge der Spätphilosophie E. Husserls. Freiburg — München 1962.

Horwitz, M.: Psychological Needs as a Function of Social Environment. In: Leonard D. White (Hrsg.): The State of the Social Sciences. Chicago 1956, 162—183.

Hülsmann, H.: Hermeneutik und Gesellschaft. Soziale Welt 18 (1967) 1—28.

Humphreys, L. G.: Acquisition and Extinction of Verbal Expectations in a Situation Analogous to Conditioning. Journal of Experimental Psychology 25 (1939) 294—301.

Husserl, E.: Vorlesungen zur Phänomenologie des inneren Zeitbewußtseins. Hrsg. von Martin Heidegger. Jahrbuch für Philosophie und phänomenologische Forschung 9 (1928) 367—496.

Husserl, E.: Erfahrung und Urteil. Hamburg 1948.

Husserl, E.: Cartesianische Meditationen und Pariser Verträge. Husserlinana Bd. I. Den Haag 1950.

Husserl, E.: Ideen zu einer reinen Phänomenologie und phänomenologischen Philosophie. Bd. II. Husserliana Bd. IV. Den Haag 1952.

Husserl, E.: Die Krisis der europäischen Wissenschaften und die transzendentale Phänomenologie. Husserliana Bd. VI. Den Haag 1954.

Irwin, F. W.: The Realism of Expectations. Psychological Review 51 (1944) 120—126.

Janowitz, M.: The Professional Soldier. Glencoe Ill. 1960.

Jennings, H. H.: Leadership and Isolation. A Study of Personality in Interpersonal Relations. 2. Aufl. New York — Toronto — London 1950.

Jennings, M. K., M. C. Cummings, F. P. Kilpatrick: Trusted Leaders: Perception of Appointed Federal Officials. The Public Opinion Quarterly 30 (1966) 368—384.

Jones, E. E., J. W. Thibaut: Interaction Goals as Bases of Inference in Interpersonal Perception. In: Renato Tagiuri und Luigi Petrullo (Hrsg.): Person Perception and Interpersonal Behavior. Stanford Cal. 1958, 151—178.

Jones, E. E., K. E. Davis, K. J. Gergen: Role Playing Variation and their Informational Value for Perception. The Journal of Abnormal and Social Psychology 63 (1961) 302 bis 310.

Jones, E. E., K. J. Gergen, R. C. Jones: Tactics of Ingratiation Among Leaders and Subordinates in a Status Hierarchy. Psychological Monographs 77 (1963).

Jost, W.: Das Sozialleben des industriellen Betriebs. Berlin 1932.

Kahn, R. L., D. P. Wolfe, R. P. Quinn, D. J. Snoek: Organizational Stress: Studies in Role Conflict and Ambiguity. New York — London — Sydney 1964.

Kaufmann, F.-X.: Sicherheit als soziologisches und sozialpolitisches Problem: Untersuchungen zu einer Wertidee hochdifferenzierter Gesellschaften. Stuttgart 1970.

Keynes, J. M.: The General Theory of Employment, Interest and Money. London 1936.

Kidd, J. L.: A New Look at System Research and Analysis. Human Factors 4 (1962) 209—216.

Koch, H.: Zur Diskussion in der Ungewißheitstheorie. Zeitschrift für handelswissenschaftliche Forschung 12 (1960) 49—75.

Koffka, K.: Principles of Gestalt Psychology. London 1935.

Krüger, H.: Allgemeine Staatslehre. Stuttgart 1964.

Krüsselberg, H.-G.: Organisationstheorie, Theorie der Unternehmung und Oligopol. Materialien zu einer sozial-ökonomischen Theorie der Unternehmung. Berlin 1965.

Kwant, R. C.: Phenomenology of Social Existence. Pittsburgh Pa.-Louvain 1965.

Landgrebe, L.: The World as a Phenomenological Problem. Philosophy and Phenomenological Research 1 (1940) 38—58. Dt. Übers. in: Ders.: Der Weg der Phänomenologie. Gütersloh 1963, 41—62.

Landgrebe, L.: Phänomenologische Bewußtseinsanalyse und Metaphysik. In: Ders.: Der Weg der Phänomenologie. Gütersloh 1963, 75—109.

Lane, R. E.: The Decline of Politics and Ideology in a Knowledgeable Society. American Sociological Review 31 (1966) 649—662.

Lapide, H. a: Dissertatio de ratione status in Imperio Nostro Romano-Germanico. Freistadt 1647.

Lenz, K.-H.: Das Vertrauensschutzprinzip. Berlin 1968.

Locke, J.: Two Treatises of Civil Government. Hrsg. von W. S. Carpenter. Ausgabe der Everyman's Library. London — New York 1953.

Löwith, K.: Das Individuum in der Rolle des Mitmenschen. Neudruck Darmstadt 1962.

Long, N. E.: Administrative Communication. In: Sidney Mailick und Edward H. van Ness (Hrsg.): Concepts and Issues in Administrative Behavior. Englewood Cliffs N. J. 1962, 137—149.

Loomis, J. L.: Communication, the Development of Trust and Cooperative Behavior. Human Relations 12 (1959) 305—315.

Luce, D. R., H. Raiffa: Games and Decisions: Introduction and Critical Survey. New York 1957.

Luhmann, N.: Der neue Chef. Verwaltungsarchiv 53 (1962) 11—24.

Luhmann, N.: Funktionen und Folgen formaler Organisation. Berlin 1964.

Luhmann, N.: Die Gewissensfreiheit und das Gewissen. Archiv des öffentlichen Rechts 90 (1965 a) 257 bis 286.

Luhmann, N.: Grundrechte als Institution. Ein Beitrag zur politischen Soziologie. Berlin 1965 b.

Luhmann, N.: Spontane Ordnungsbildung. In: Fritz Morstein Marx (Hrsg.): Verwaltung: Eine einführende Darstellung. Berlin 1965 c, 163—183.

Luhmann, N.: Zweckbegriff und Systemrationalität: Über die Funktion von Zwecken in sozialen Systemen. Tübingen 1968.

Luhmann, N.: Soziologische Aufklärung. Aufsätze zur Theorie sozialer Systeme. 2. Aufl. Opladen 1971.

Luhmann, N.: Rechtssoziologie. 2 Bde. Reinbek 1972.

Luhmann, N.: Generalized Media and the Problem of Contingency. In: Jan J. Loubser, Rainer C. Baum, A. Effrat und Victor Lidz (Hrsg.): Explorations in General Theory in the Social Sciences. New York im Druck.

Mainka, J.: Vertrauensschutz im öffentlichen Recht. Bonn 1963.

Marcel, G.: Etre et Avoir. Paris 1935.

Marcus, Ph. M.: Expressive and Instrumental Groups. The American Journal of Sociology 66 (1960) 54 bis 59.

Marschak, J.: Towards an Economic Theory of Organization and Information. In: R. M. Thrall, C. H. Coombs und R. L. Davis (Hrsg.): Decision Processes. New York — London 1954, 187—220.

Marschak, J.: Elements for a Theory of Teams. Management Science 1 (1955) 127—137.

Maruyama, M.: The Second Cybernetics: Deviation-Amplifying Mutual Causal Processes. General Systems 8 (1963) 233—241.

Mayer, F.: Geschäftsgang. In: Fritz

Morstein Marx (Hrsg.): Verwaltung: Eine einführende Darstellung. Berlin 1965, 298—314.

McTaggart, J. E.: The Unreality of Time. Mind 17 (1908) 457—474. Neu gedruckt in ders.: Philosophical Studies. London 1934.

Mead, G. H.: Mind, Self and Society. Chicago 1934.

Mead, G. H.: The Philosophy of the Act. Chicago 1938.

Merleau-Ponty, M.: Phénomenologie de la perception. Paris 1945.

Merton, R. K.: The Self-fulfilling Prophecy. In: Ders.: Social Theory and Social Structure. 2. Aufl. Glencoe Ill. 1957, 421—436.

Metzger, W.: Psychologie. Entwicklung ihrer Grundannahmen seit der Einführung des Experiments. 3. Aufl. Darmstadt 1963.

Milbrath, L. W.: The Washington Lobbyists. Chicago 1963.

Miller, L. S.: Rules and Exceptions. Ethics 66 (1956) 262—270.

Moore, W. E.: Predicting Discontinuities in Social Change. American Sociological Review 29 (1964) 331 bis 338.

Nadel, S. F.: The Theory of Social Structure. Glencoe Ill. 1957.

Neumann, J. von, O. Morgenstern: Spieltheorie und wirtschaftliches Verhalten. Dt. Übers. Würzburg 1961.

Nitschke, A.: Angst und Vertrauen. Die Sammlung 7 (1952) 175—180.

Optner, S. L.: Systems Analysis for Business Management. Englewood Cliffs N. J. 1960.

Ossenbühl, F.: Vertrauensschutz im sozialen Rechtsstaat. Die öffentliche Verwaltung 25 (1972) 25—36.

Parsons, T.: The Social System. Glencoe Ill. 1951.

Parsons, T.: Some Comments on the State of the General Theory of Action. American Sociological Review 18 (1953) 618—631.

Parsons, T.: General Theory in Sociology. In: Robert K. Merton, Leonard Broom und Leonard S. Cottrell, Jr. (Hrsg.): Sociology Today. New York 1959 a. 3—38.

Parsons, T.: "Voting" and the Equilibrium of the American Political System. In: Eugene Burdick und Arthur J. Brodeck (Hrsg.): American Voting Behavior. Glencoe Ill. 1959 b. 80—120.

Parsons, T.: Pattern Variables Revisited. American Sociological Review 25 (1960) 467—483.

Parsons, T.: The Point of View of the Author. In: Max Black (Hrsg.): The Social Theories of Talcott Parsons. Englewood Cliffs N. J. 1961 a. 311 bis 363.

Parsons, T.: An Outline of the Social System. In: Talcott Parsons, Edward Shils, Kaspar D. Naegele und Jesse R. Pitts (Hrsg.): Theories of Society. Bd. I. New York 1961 b. 30—79.

Parsons, T.: On the Concept of Influence. Public Opinion Quarterly 27 (1963 a) 37—62.

Parsons, T.: On the Concept of Political Power. Proceeding of the American Philosophical Society 107 (1963 b) 232—262.

Parsons, T.: Die jüngsten Entwicklungen in der strukturell-funktionalen Theorie. Kölner Zeitschrift für Soziologie und Sozialpsychologie 16 (1964 a) 30—49.

Parsons, T.: Evolutionary Universals in Society. American Sociological Review 29 (1964 b) 339—357.

Parsons, T.: Some Reflections on the Place of Force in Social Process. In: Harry Eckstein (Hrsg.): Internal War: Problems and Approaches. New York — London 1964 c, 33—70.

Parsons, T.: On the Concept of Value-Commitments. Sociological Inquiry 38 (1968) 135—160.

Parsons, T.: Some Problems of General Theory in Sociology. In: John C. McKinney und Edward A. Tiryakian (Hrsg.): Theoretical Sociology: Perspectives and Developments. New York 1970, 27—68.

Parsons, T., E. A. Shils (Hrsg.): Toward a General Theory of Action. Cambridge Mass. 1951.

Parsons, T., R. F. Bales, E. A. Shils: Working Papers in the Theory of Action. Glencoe Ill. 1953.

Parsons, T., R. F. Bales: Family, Socialization and Interaction Process. Glencoe Ill. 1955.

Parsons, T., N. J. Smelser: Economy and Society. Glencoe Ill. 1956.

Paulsen, A.: Liquidität und Risiko in der wirtschaftlichen Entwicklung. Ein Beitrag zur dynamischen Wirtschaftstheorie. Frankfurt a. M. — Berlin 1950.

Peabody, R. L.: Organizational Authority: Superior-Subordinate Relationships in Three Public Service Organizations. New York 1964.

Piaget, J.: Die Bildung des Zeitbegriffs beim Kinde. Zürich 1955.

Pilisuk, M., P. Skolnick: Inducing Trust. A Test of the Osgood Proposal. Journal of Personality and Social Psychology 8 (1968) 121—133.

Plessner, H.: Conditio Humana. Pfullingen 1964.

Pool, I. de S.: The Mass Media and Politics in the Modernization Process. In: Lucian W. Pye (Hrsg.): Communications and Political Development. Princeton 1963. 234—253.

Postman, L., J. S. Bruner: Hypothesis and the Principle of Closure: The Effect of Frequency and Recency. Journal of Psychology 31 (1952) 113 bis 125.

Presthus, R. V.: Authority in Organizations. Public Administration Review 20 (1960) 86—91.

Prior, A. N.: Time and Modality, Oxford 1957.

Prior, A. N.: Papers on Time and Tense. Oxford 1968.

Rapoport, A.: Fights, Games and Debates. Ann Arbor 1960.

Rapoport, A., A. M. Chammah: Prisoner's Dilemma. A Study in Conflict and Cooperation. Ann Arbor 1965.

Rescher, N.: Truth and Necessity in Temporal Perspective. In: Richard M. Gale (Hrsg.): The Philosophy of Time. London 1968, 183—220.

Reynaud, P.-L.: Récessions et seuils économiques. Revue économique 8 (1957) 1032—1052.

Reynaud, P.-L.: Economie généralisée et seuils de croissance. Etude de la Psychologie économique du développement O.R.S.S. Tunisie — Portugal. Paris 1962.

Roethlisberger, F. J., W. J. Dickson: Management and the Worker. Cambridge Mass. 1939.

Roos, L. L., Jr.: Toward a Theory of Cooperation-Experiments Using Nonzero-sum Games. Journal of Social Psychology 69 (1966) 277 bis 289.

Rosenberg, M.: Misanthropy and Political Ideology. American Sociological Review 21 (1956) 690—695.

Rosenberg, M.: Misanthropy and Attitudes Toward International Affairs. Journal of Conflict Resolution 1 (1957) 340—345.

Sartre, J.-P.: L'être et le néant. 30. Aufl. Paris 1950.

Sartre, J.-P.: Critique de la raison dialectique. Bd. I. Paris 1960.

Schmölders, G.: The Liquidity Theory of Money. Kyklos 13 (1960) 346 bis 360.

Schottländer, R.: Theorie des Vertrauens. Berlin 1957.

Schroder, H. M., O. J. Harvey: Conceptual Organization and Group Structure. In: O. J. Harvey (Hrsg.): Motivation and Social Interaction: Cognitive Determinants. New York 1963. 134—166.

Schütz, A.: Der sinnhafte Aufbau der sozialen Welt. Eine Einleitung in die verstehende Soziologie. Wien 1932.

Schütz, A.: Das Problem der transzendentalen Intersubjektivität bei Husserl. Philosophische Rundschau 5 (1957) 81—107.

Schutz, A.: Collected Papers. 3 Bde. Den Haag 1962/66.

Shepard, H. R., R. R. Blake: Changing Behavior Through Cognitive Change. Human Organization 21 (1962) 88—92.

Simmel, G.: Über sociale Differenzierung. Leipzig 1890.

Simmel, G.: Soziologie: Untersuchungen über die Formen der Vergesellschaftung. 2. Aufl. München — Leipzig 1922.

Simon, H. A.: The Proverbs of Administration. Public Administration Review 6 (1946) 53—67.

Simon, H. A.: Das Verwaltungshandeln. Eine Untersuchung der Entscheidungsvorgänge in Behörden und privaten Unternehmen. Stuttgart 1955.

Simon, H. A.: Authority. In: Conrad M. Arensberg u. a. (Hrsg.): Research in Industrial Human Relations. New York 1957 a. 103—115.

Simon, H. A.: Models of Man, Social and Rational: Mathematical Essays on Rational Human Behavior in a Social Setting. New York — London 1957 b.

Slater, P. E.: Role Differentiation in Small Groups. American Sociological Review 20 (1959) 300—310.

Solomon, L.: The Influence of Some Types of Power Relationship and Game Strategies on the Development of Interpersonal Trust. The Journal of Abnormal and Social Psychology 61 (1960) 223—230.

Stendenbach, F. J.: Soziale Interaktion und Lernprozesse. Köln — Berlin 1963.

Stern, W.: Person und Sache: System des kritischen Personalismus. 3 Bde. Leipzig 1923/24.

Stocker, M.: Supererogation and Duties. In: Studies in Moral Philosophy. American Philosophical Quarterly Monograph Series, No. 1. Oxford 1968, 53—63.

Stogdill, R. M.: Individual Behavior and Group Achievement. New York 1959.

Stratenwerth, G.: Verantwortung und Gehorsam. Zur strafrechtlichen Wertung hoheitlich gebotenen Handelns. Tübingen 1958.

Strauss, A. L.: Mirrors and Masks. The Search for Identity. Glencoe Ill. 1959.

Strickland, L. H.: Surveillance and Trust. Journal of Personality 26 (1958) 200—215.

Strohal, R.: Autorität. Ihr Wesen und ihre Funktion im Leben der Gemeinschaft. Freiburg — Wien 1955.

Swinth, R. L.: The Establishment of the Trust Relationship. The Journal of Conflict Resolution 11 (1967) 335—344.

Tenbruck, F. H.: Zur Kritik der planenden Vernunft. Freiburg — München 1972.

Theunissen, M.: Der Andere: Studien zur Sozialontologie der Gegenwart. Berlin 1965.

Thibaut, J. W., H. H. Kelley: The Social Psychology of Groups. New York 1959.

Thibaut, J. W., H. W. Riecken: Some Determinants and Consequences of the Perception of Social Causality. Journal of Personality 24 (1955) 113 bis 133.

Thompson, J. W.: The Importance of Opposites in Human Relations. Human Relations 16 (1963) 161—169.

Thompson, V. A.: Modern Organization. New York 1961.

Thompson, V. A.: Bureaucracy and Innovation. Administrative Science Quarterly 10 (1965) 1—20.

Tirpitz, A. von: Erinnerungen. 2. Aufl. Leipzig 1920.

Tobin, J.: Liquidity Preference as Behavior Towards Risk. Review of Economic Studies 25 (1958) 65—87.

Turner, R. H.: Role Taking: Process Versus Conformity. In: Arnold M. Rose (Hrsg.): Human Behavior and

Social Processes: An Interactionist Approach. Boston 1962. 20—40.

Urwick, L.: Principles of Management. British Management Review 7 (1948) 15—48.

Vesta, F. J. di, D. L. Meyer, J. Mills: Confidence in an Expert as a Function of his Judgments. Human Relations 17 (1964) 235—242.

Vickers, G.: The Undirected Society: Essays on the Human Implications of Industrialization in Canada. Toronto 1959.

Vickers, G.: The Art of Judgement: A Study of Policy Making. London 1965.

Viehweg, Th.: Topik und Jurisprudenz. 3. Aufl. München 1965.

Weigert, E.: Existencialism and its Relation to Psychotherapy. Psychiatry 12 (1949) 399—412.

Wichman, H.: Effects of Isolation and Communication on Cooperation in a Two-Person Game. Journal of Personality and Social Psychology 16 (1970) 114—120.

Wildavsky, A.: The Politics of the Budgetary Process. Boston — Toronto 1964.

Wilensky, H. L.: Intellectuals in Labor Unions. Organizational Pressures on Professional Roles. Glencoe Ill. 1956.

Worthy, J. C.: Big Business and Free Men. New York 1959.

Wrightsman, L. S.: Personality and Attitudinal Correlates of Trusting and Trustworthy Behaviors in a Two-Person Game. The Journal of Personality and Social Psychology 4 (1966) 328—332.

Zand, D. E.: Trust and Managerial Problem Solving. Administrative Science Quarterly 17 (1972) 229 bis 239.

Sachregister